高校体育教学理论与体育文化研究

陈强 著

吉林出版集团股份有限公司
全国百佳图书出版单位

图书在版编目（CIP）数据

高校体育教学理论与体育文化研究 / 陈强著. -- 长春：吉林出版集团股份有限公司, 2023.5

ISBN 978-7-5731-3576-6

Ⅰ.①高… Ⅱ.①陈… Ⅲ.①体育教学—教学研究—高等学校②高等学校—体育文化—研究 Ⅳ.①G807.4

中国国家版本馆CIP数据核字(2023)第104737号

高校体育教学理论与体育文化研究
GAOXIAO TIYU JIAOXUE LILUN YU TIYU WENHUA YANJIU

著　　者	陈　强
责任编辑	林　丽
封面设计	王　哲
开　　本	710毫米×1000毫米　1/16
字　　数	211 千字
印　　张	12.5
定　　价	77.00元
版　　次	2024 年 1 月第 1 版
印　　次	2024 年 1 月第 1 次印刷
印　　刷	北京厚诚则铭印刷科技有限公司

出　　版	吉林出版集团股份有限公司
发　　行	吉林出版集团股份有限公司
地　　址	吉林省长春市福祉大路5788号
邮　　编	130000
电　　话	0431-81629968
邮　　箱	11915286@qq.com
书　　号	ISBN 978-7-5731-3576-6

版权所有　　翻印必究

前　言

经济飞速发展的环境下，体育得到了较好发展。高校体育教学是体育与教育事业的有机结合，是体育事业发展的一个重要途径，也是体育事业发展的重要推动力。除体育教学外，体育文化教育是体育教育的根本，是素质教育的主要内容，是促进学生终身体育形成和发展的有效方法，在课堂教学和课外体育活动中进行体育精神、体育文化教育，可以激发学生学习体育的积极性、主动性，培养他们的体育兴趣，激发他们的体育热情，养成良好的体育习惯，并最终形成终身体育的习惯。

本书首先阐述体育文化及其特征、高校体育教学的特点与功能、高校体育教学的主要思想、体育教学中体育文化功能的凸显；其次分析高校体育教学的目标及制定、高校体育教学的内容及资源开发、高校体育教学的环境及创新优化；再次讨论高校体育教学方法及其意义、高校体育教学训练的具体方法、高校体育教学方法的创新与优化、高校体育教学模式的创新应用；之后对学校体育文化的特征与建设意义、学校体育文化的建设方向、学校体育文化体系的建设与发展、学校体育文化的生态化建构进行论述；接下来探讨体育文化发展模式的构建、体育文化软实力及其提升策略、体育文化的传播与优化策略；最后从休闲体育文化、竞技体育文化以及民族传统体育文化的角度，分析体育文化的建设与发展。

全书文字简明扼要，内容丰富详尽，逻辑清晰，客观实用。另外，在结构上按照由浅入深的写作思路展开，对高校体育教学理论与体育文化的论述通俗易懂，力求使广大读者更容易探索相关内容。

笔者在本书的写作过程中，得到了许多专家、学者的帮助和指导，在此表示诚挚的谢意。由于笔者水平有限,加之时间仓促,书中所涉及的内容难免有疏漏之处,希望各位读者多提宝贵意见,以便笔者进一步修改,使之更加完善。

目 录

第一章 高校体育教学与体育文化基础 ……………………………… 1
  第一节 体育文化及其特征 ………………………………………… 1
  第二节 高校体育教学的特点与功能 …………………………… 11
  第三节 高校体育教学的指导思想 ……………………………… 17
  第四节 体育教学中体育文化功能的凸显 ……………………… 21

第二章 高校体育教学的理论体系 …………………………………… 27
  第一节 高校体育教学的目标及制定 …………………………… 27
  第二节 高校体育教学的内容及资源开发 ……………………… 36
  第三节 高校体育教学的环境及创新优化 ……………………… 49

第三章 高校体育教学的方法与模式 ………………………………… 67
  第一节 高校体育教学方法及其意义 …………………………… 67
  第二节 高校体育教学训练的具体方法 ………………………… 69
  第三节 高校体育教学方法的创新与优化 ……………………… 77
  第四节 高校体育教学模式的创新 ……………………………… 83

第四章 学校体育文化及其生态化建构 …………………………… 103
  第一节 学校体育文化的特征与建设意义 ……………………… 103
  第二节 学校体育文化的建设方向 ……………………………… 108
  第三节 学校体育文化体系的建设与发展 ……………………… 119
  第四节 学校体育的生态化建构 ………………………………… 124

第五章 体育文化的发展与传播优化…………………………………133
第一节 体育文化发展模式的构建……………………………133
第二节 体育文化软实力及其提升策略………………………136
第三节 体育文化的传播与优化策略…………………………144

第六章 多维体育文化的建设与发展…………………………………153
第一节 休闲体育文化的建设与发展…………………………153
第二节 竞技体育文化的建设与发展…………………………166
第三节 民族传统体育文化的建设与发展……………………175

参考文献……………………………………………………………192

第一章　高校体育教学与体育文化基础

第一节　体育文化及其特征

一、文化的认知

（一）文化的概念

文化是特定的社会现象，是一代又一代人通过长期的生活实践而形成的，和人类的发展具有十分紧密的关系。文化综合展现了人类生产生活实践的行为与理念。

文化具有十分丰富的内容，不仅包含了特定国家或者民族的传统风俗、历史地理、价值理念，还蕴含了该国家的文学艺术、思维方式以及行为规范等。由于这些因素的存在，才形成了人类的文化，也就是人类在快速更迭的历史长河中，创造的精神与物质财富的综合体。

（二）文化的特点

第一，文化具有抽象性。文化的定义十分抽象，最突出的是文字与语言，但也有肢体动作和图像等多种表现形式。从文化体系来看，文化概念中的抽象性是固有的，人们主要借助抽象的定义对周围的事物进行认知。

第二，文化具有系统性。历史系统的传承是文化的重要来源。尽管文化是无形之物，既无法看到，也无法触摸，但对人们的生活形成了巨大影响。原因是文化的结构十分明确，包含了相应的规律，其中还有外显、内隐等行为模式。人们借助文化系统，可了解、认知文化，并对其进行传承、弘扬。

第三，文化具有共有性。文化是人们统一明确而且都认可的价值理念、行为准则。文化和社会具有非常紧密的关系，社会是文化存在的前提与基础，人们在相应的情景下，出现相应的反应。文化包含了共有性，原因是文化只在特定的地区与时段发挥相应功用。

第四，文化具有习得性。文化并非先天就存在的，而是在不断学习中形成的。从最初的蹒跚学步，到走进校园，均是在学习文化知识。而人们也只有在不间断的学习中，才能了解、认知更多文化。

第五，文化具有差异性。即使在同一个社会中，文化也有一定的差异。社会中各个层面的人，其理解文化的角度与程度均有一定的差异，这体现了文化的差异性特征。每一个人对待共有性文化的态度是不同的，并非都对其表示认可，在社会中，无论是老人还是小孩、女性还是男性，在认知事物方面都会存在一定差异。

第六，文化具有相对稳定性。在人类活动中慢慢构建的、可以促进人类发展的，并逐步改进的综合体系就是文化。此时，与特定阶段的生产活动对比来看，文化又是十分稳定的。相对完善的文化可对这一阶段的生产活动进行规制、调整，因此，其在社会中所具的影响也十分长远。

第七，文化具有强制性。文化是先人留给后世子孙的珍贵财富，是历史发展的产物。由于文化环境形成的时间十分久远，因此人们无法自己选取文化。人们降临到世界之时，文化的环境早已形成并固定，虽然在未来的发展中文化会不断变化，但人大脑中的文化已根深蒂固。实际上，我们也是文化的创造者，文化的产生与每一个人都有十分紧密的关系，同时，人们也能创造出更加丰富、灿烂的文化。

第八，文化具有独立性。从某种角度来看，文化和人们是分离的状态。文化本就不专属某个人，而是人类的共同财富。我们仅仅是传承文化的一方，只是通过文化来提升自我，全面展现文化的价值。但文化是独立存在的，同时，其能够通过一代又一代的传承者流传下去。

二、体育文化及其划定机制

（一）体育文化的相关内涵

体育的概念有广义和狭义之分。广义的体育（亦称体育运动）是指以身体练习为基本手段，以增强人的体质，促进人的全面发展，丰富社会文化生活和促进精神文明为目的一种有意识、有组织的社会活动。它是社会总文化的一部分,其发展受一定社会的政治和经济的制约,并为一定社会的政治和经济服务。狭义的体育(体育教育),是一个发展身体、增强体质,传授锻炼身体的知识、技能,培养道德和意志品质的教育过程,是对人体进行培育和塑造的过程,是教育的重要组成部分,是培养全面发展的人的一个重要方面。

体育文化与其他概念的关系如下:

第一,体育文化与个人全面发展。当今社会倡导全民参与体育,体育活动是属于所有人的平等公平的活动。当今社会体育文化的理念已经深入人心,人民群众意识到体育活动不仅仅是体力活动,更是一种文化含义。加强体育锻炼,是一个人全面发展的体现。

第二,体育文化与社会发展。由于体育文化是社会文化发展的表现,因此体育与社会发展之间的联系十分密切。推动社会发展一方面是生产力的发展,另一方面是生产制度的完善。体育活动从产生起就伴随着众多规则,规则的存在可以约束人类的行为。在当今世界,体育运动的核心规则是平等公平原则,通过多项体育运动的开展,这样的理念已经深入人心。平等公平也是社会文明发展的重要原则,因此体育文化促进了社会文化的发展。

第三,体育文化与世界交流。"高校体育文化建设是国家体育事业发展的强力根基"[1],在文化领域,体育逐渐成为一个国家面向世界展示自身的窗口,成为国家文化软实力竞争的重要因素。

(二)体育文化与地理环境

体育文化自诞生之时就与地理环境有着密切的联系。体育文化的产生依赖于地理环境提供的物质条件,体育文化的发展在很大程度上与环境变迁有着重要的关联。

1. 体育文化的产生与地理环境

在人们改造自然能力还不够强大的古代时期,环境对体育运动的影响更加直接。人们从自然环境中获取从事运动的灵感,获得从事运动的物质基础。尤其是在人类社会早期,当人类改造自然的能力比较弱小时,利用自然环境提供的物质条件是体育运动的基础。这时的自然地理环境直接作用于体育运

---

[1] 韩兵. 辽宁省高校体育文化建设现状与对策研究 [J]. 哈尔滨体育学院学报, 2019, 37 (6): 71-75.

动,在体育文化之上留下自然的烙印。人类也正是在适应自然地理环境的时期,发明了与环境直接相关的多种运动方式。

自然地理环境的差异影响了人类生产方式的选择,进而影响了人类的生活方式,在差异性生活方式中产生了千姿百态的体育运动项目。自然地理环境决定的生产方式对体育的产生有较大影响,例如,我国西北地区以草原为主,孕育出以游牧为主的游牧文化,这些民族在生产和生活中依赖马匹,这就促成了其对马匹的训练和骑马技艺的养成,以马为载体的体育运动大多起源于此,如骑马射箭、马术、赛马等。以农耕文明为主的中原地区只有在农闲时娱乐活动才极为丰富,农闲时也是节日比较集中的时期,表现为节庆体育的特点。

自然地理环境提供了相应的物质条件,使得体育运动有了赖以生存的物质基础。当然,自然地理环境是客观存在的,人们创造的体育运动反映了人的主观能动性。这种主观能动性合乎客观自然地理条件,并依赖自然地理条件生存下来。

早期人类发明的体育运动依托于自然地理环境更为明显。自然环境与体育运动之间存在内在的联系。例如,彝族大多生活在山区,在长期的生活实践中,形成了与山区自然地理环境相适应的火文化,代表项目有摔跤、斗牛、射弩、赛马、挥刀和投掷等。彝族强调身体接触与对抗,动作朴实粗犷、刚劲有力、力度大,崇尚进攻,体现了对大自然的征服。傣族生活于水边,其民族传统体育项目与水有着密切关系,代表性项目有孔雀舞、象脚鼓舞、堆沙、丢包和放水灯等。动作柔美细腻、节奏丰富、注重传达人物情感,以求休闲与娱乐身心,柔美、传情、倡导人与自然的和谐。

2. 体育文化的发展与地理环境

自然地理环境不仅影响着体育的起源,而且在体育发展和演变的过程中也发挥了重要作用。气候条件对物产、水文的影响更加直接,并因此而影响到人们的生产方式和生活方式。例如,我国唐代时期处于温暖期,全国气温较高。地处关中的唐都长安温暖多雨,生长着温带甚至热带的动植物。一些今天仅在热带才能见到的动物在长安附近也广泛分布。驯象出现在长安城可谓环境的杰作。对此,历史文献大量记载了长安城内的驯象运动。不过这一运动伴随着关中地区自然环境的变化而发生了变化。之后,关中地区气候逐渐变冷,且趋于干旱,加之中国古代的政治中心逐渐向东北移、经济中心向东南移,导致长安的驯象运动逐渐消失。时至今日,已经见不到该项运动了。

今天，环境变化仍然对一些体育运动的发展起着制约作用。环境变迁已经使人类失去了很多从事特殊体育运动项目的自然基础。由此可见，环境对体育运动的产生、演变和发展具有十分重要的意义。在一定的历史时期和条件下，环境决定了体育运动。不过，随着人类社会的不断进步和人类改造环境能力的不断提升，这种情况有了很大的变化。

3. 体育文化与环境变迁、适应与保护

体育文化发展既表现出对环境变迁的适应，又表现出对环境的改造。同时，体育文化发展过程中也需要注意对环境的保护。

（1）体育文化与环境变迁。随着科学技术的不断进步，人类逐渐认识并掌握了自然的发展规律，提高了改造自然环境的能力，人地关系逐渐发生了变化。人类逐渐掌握了一些改造自然的技巧，具备了改造自然环境的能力。自然环境的改造则主要是指人们通过科学技术的指导，改变自然环境，使其达到适应人类获得某种目的性的行为。

科学技术的进步为我们改造自然创造了更优越的条件，也把原本属于区域性的体育运动推向了世界。工业革命以来，这种进程呈现出逐步加快的趋势。

人类改造环境、从事体育运动最显著的事例就是对体育场馆的建造。体育馆的出现对体育发展意义十分重大。可以说，体育馆是近现代体育发展非常重要的推动力量。在自然环境比较恶劣的地区和季节，体育馆很好地起到了遮风避雨的效果，屏蔽了自然环境对人体的伤害，消除了许多体育运动的地理环境限制，催生了众多体育运动在世界范围内的流行。例如，排球的兴起就与体育馆有直接关系，其发明者正是利用了体育馆的室内环境才创造出这项娱乐性强、文明、群体性强的运动方式。当游泳馆出现以后，人们便一年四季都可以从事这项原本属于夏天的运动。冰壶运动也得益于室内体育馆的兴起和功能改善。体育馆的建设还极大地推动了篮球、羽毛球等体育运动的发展。

世界上大多数的体育运动很难在室外一年四季进行。特别是世界各地气候差异较大，温度变化、湿度变化、风雨雷电等自然现象都不可避免地影响到室外运动的开展。体育馆的建造可以说创造了一个恒定的运动小环境，配合空调等设备，体育馆创造出了一个适合某一类型体育运动的人工小环境。在这个小环境中，体育运动超越了季节的束缚，一年四季都能够进行。体育馆可以说是体育在改造环境中最为重要的标志之一。因此，体育馆的普及是

促进当代体育发展的重要保证。

体育场地的出现也是改造环境的一个例证。大规模的体育场地建设，特别是人工水泥场地、人工沥青场地、人工土场地、人工草地和人工塑胶场地的投入使用，为体育项目发展提供了更好的运动场地环境。与天然的场地相比较，这些人工场地更为平整、规范，人工草地和塑胶场地更为柔软，可以很好地保护肌肉、骨骼、关节和软组织，有效地防止运动伤害事故的发生。同时，这些场地更干净、更美观。可以说，人工场地设备更符合运动的要求。

（2）体育文化与环境适应。环境适应是指人类主动适应自然环境的变化，改造自己的生产方式、生活方式，进而改进自己的文化过程。环境适应的主体是人，是人的主动行为，但适应是一个过程，适应也有很多反复。人类都有生产、生活的惯性，当环境发生变化时，人类一般会采取尽量保持其原有生活方式的行为。不过，在环境变化较大的情况下，原有的生产方式很难维系下去，其生活方式的基础因环境变化而瓦解，必然导致生活方式的变化，进而影响到体育运动。体育对环境的适应是一种必然的选择。适应环境意味着付出较小的代价获得更大的收益。适应环境意味着减少对环境的破坏，意味着充分利用环境提供的物质资源。

（3）体育文化与环境保护。体育对环境的改变是多方面的，主要有体育场馆的建设、体育赛事的举办和体育运动本身等方面。体育发展依赖于体育场馆设备的进步，这是不争的事实。但是，场馆设备在满足人类体育运动的同时，不可避免地会对环境造成破坏，因此，在发展体育文化的同时，应注意环境的保护。

（三）体育文化区的划定机制

地域性是体育文化的一个显著特征。将一个区域具有共同特征的体育文化聚集并进行分区是体育文化区研究的主要任务。体育文化区研究不仅是对差异性体育文化进行简单的地理分区，而且还要探索其形成的地理机制和历史发展过程，以及区域文化交流的方式、结果等问题，以此为基础解释文化的发展历程，促进人类文化的交流，解释今天文化区域的由来、演变及发展以及为增进人类区域间文化的理解构筑桥梁。划分体育文化区的文化因子就是体育运动项目。运动项目所表现的精神实质的一致性程度，所需要的物质、身体基础等因子都会在一定的区域形成相对共同的特征，将这些具有相似性的因子聚合在地理空间，就形成了对体育文化区的基本认识。

体育文化区的形成是一个复杂的过程，有着特有的形成机制。

1. 自然环境

自然地理环境是形成体育文化区最基本的条件之一。一般来说，一个文化区多集中于相同或相似的自然环境中。自然环境对体育文化区的影响表现在以下方面：

（1）不同的自然地理环境条件提供了差异性的物质条件，这是人类和其他生物赖以生存的自然基础。人们根据这些物质产品的性质，组织差异性的生产方式。生产方式的差异会直接影响到生活方式，进而形成色彩斑斓的文化景观。因此，地理环境为体育文化提供了基本的物质基础。

（2）自然地理环境并非一成不变。自然条件的变化对区域内物质产品的生长变化有着决定性影响。特别是在科学技术并不发达的历史时期，自然环境的改变对生产方式具有决定性作用。人们在适应自然环境的过程中必须不断改变其原有的生活方式，进而影响体育文化区域的流变。

（3）人类对自然环境的认识和利用走过了相当长的历史阶段，人们利用自然的过程也在不断演化。在这样一个复杂的过程中，人类体育文化逐渐丰富起来。

科学技术的迅猛发展，为人类提供了更多文化交流的方式。自然地理环境对人类交流的阻碍作用正在被打破。今天的人类文化交流已经可以通过各种技术手段，超越地理环境的限制，跳出区域的框定，在世界范围内寻找文化同路人。种种迹象表明，随着以传统体育文化为根基的文化区域性的逐渐消失，一个远远大于传统意义的体育文化地理区域概念正处在逐渐形成和发展的过程中，并且这种发展正在不断加速。

2. 行政区划

行政区划是服务于政府管理的行政边界。一般来说，政府在进行行政区划时要考虑自然地理环境、人文区域等因素。在许多情况下，政区和自然区划相吻合，但在一些情况下，政区与民族生活区域相一致。

从管理层面上讲，处在同一政区内的文化交流更加便捷，接触更加频繁，联系也更为密切。管理者出于管理的便利，其组织的文化活动往往受到政区的限制。从百姓生活的角度看，处在一个政区内的百姓更容易组织在一起。当然，行政区划与自然地理环境一样，很多时候也限制了文化区域的形成与发展。行政区划不仅仅是一种管理区域，也是一种区域身份的认同。从历史上看，管理者都试图将百姓纳入不同的政区内进行管辖。就管理者而言，这样无疑可以使管理更为方便，更为有效。可是，这样的方式也在一定程度上限制了文化的畅通交流，有的时候还会激化矛盾，产生新的文化区域整合。

在政权稳定的状态下，由于能形成长期稳定的政区，因而也极易形成稳定的文化区。在这样的政区内，人们世代相传，风俗差异不大，体育文化传统相近。当然，政区在战争状态下则失去了效力，新政权的建立也往往会建立新的政区体系，进而打破已有的体育文化区域，重新整合成一个新区域。

政区对文化的影响更多地表现在政区的首脑人物及其文化思想上。文化整合不是简单的对政区内各种文化的捏合，更多带有一定的改造。政区内往往会倡导一种主流文化，而将其他文化尽可能地向主流文化靠近。当然，这种改造并不能一蹴而就，因为文化的整合速度往往落后于政区的整合速度。统治者可以在很短时间内对行政区划进行重新划定，可是，过去长期处在一个政区内的文化形式存在着千丝万缕的联系，这种联系并不会因为政区的整合瞬间消失，而是会按照自身的轨迹长时间运作下去，保持相对的稳定性。

3. 生产方式

生产方式取决于物质资源，同时，生产方式也有自己的发展轨迹。人类的生产方式和生产条件改善与人类的科学技术进步直接相关。自古以来，人类就不断寻求提高生产效率的各种方式，既有从生产方式上的努力，也有技术形态上的跃进。这些进步又都直接制约着人类的思想与文化，同时也被思想文化所制约。这是一种极为复杂的历史进程。在这一历史进程中，文化区域被不断创造和改变着。

不同的生产方式创造出了差异性的文化景观。在一定的生产方式条件下，人们的社会组织、休闲时间等都会产生结构性的稳定性。在这样的稳定结构当中，体育文化才能够找到真正的依托。农业生产劳动会形成以农闲时节为高峰的娱乐形式，农忙之后的欢庆也带有众多的娱乐元素。现代工业文明之下，劳动生产率日益提高，生活产品更加丰富，而人们对休闲娱乐的要求越来越高。如节假日不断增加，节假日的娱乐活动不断丰富，以节假日为主要时间段的体育运动自然也就出现了。农业文明时期，区域间有很多文化的交流，区域间的文化独立是其显著特点。工业文明时期的区域文化则显示出了更强的交融。

生产方式对区域体育文化的影响是整体上的，当然，其中也有很大的差异性。这种差异性表现在以下两个方面：

（1）即使在一个生产方式基本一致的区域，人们也存在分工的差异，进而导致其在体育文化方面的差异性。这在中国历史上更是俯拾皆是。体育文化属于人们的精神需求，是在一定物质基础的保障下才能够生长、发展起来的一种文化形式，对物质资料的占有程度决定了体育文化能否发展下去。但在区域内也存在着生产方式的差异性，如社会分工仍然很具体地限制着人们的体育文化行为，并在一定的区域内产生差异性。

（2）从人类社会整体上来说，生产方式总是在不同的区域之间存在巨大差异。时至今日，我们仍然能够看到世界范围内各种生产方式并存的格局。就是在我们国家，一个省甚至一个城市都存在着不同生产方式并存的现象。这种情况有一部分是由于分工造成的，但更主要的原因则是由非均衡发展造成的。生产方式对生活方式的影响极为深远。不同的经济发展水平会使体育运动风俗产生极大的差异，导致不同体育文化区的形成。

4. 传播媒介

体育文化的传播介质也是伴随着人类自身的发展不断变化的。历史上，口传心授是最原始、最广泛，也是最有效的传播方式之一。后来人们又通过语言、文字、形体动作、绘画等形式，将体育文化不断地向外扩散。人类自身、书籍等成为传播的主要媒介。到了现代社会，传播领域发生了根本性变化，人们传播体育文化的手段更加丰富多彩。学校成为体育文化最重要的传播地点，电视、网络等一系列新型的传播工具彻底打破了交通条件对体育文化传播的桎梏，体育文化以更快的速度，在更大范围内被人了解。

一般而言，体育文化区域只是某一时段体育文化现象分布状况的反映，是一个时间性和区域性非常明显的开放系统。作为一个开放的系统，体育文化区域在不断接受本区域内文化中心所施加影响的同时，也受到其他地区文化现象的浸染。历史上，体育文化区在接受异质文化时，主要的制约因素是交通条件。无论是人的移动还是书籍的运输，都有赖于交通条件的便利情况。交通发达的地区，其文化交流的程度往往更加深刻，文化传播的速度也更加迅速。各种文化在一个区域内不断交流，往往会使得文化区域更加多变，形成混合型的文化区域。在这样的区域内，各种体育文化形式都会找到生存的空间，找到适宜的人群，形成层次较为明显的体育文化差异。这种情况在历史上的都城和贸易城市中最为常见。人类为改变交通条件的努力一直没有中断过，不断有新的交通工具创造出来，原有的交通工具在性能上也出现了极大的改进。这一切使得今天人们的出行更加便利，也为体育文化的传播带来了巨大便利。

除此之外，体育文化的传播媒介伴随着科学技术的发展而愈加丰富。体育文化的传播表现为外在形态的传播上。历史上主要有口传心授、图画等方法用以传播，语言描述只能是在形态问题解决之后才能发挥作用。这样的情况下，体育文化的传播媒介限制了区域的形成和发展。现代传播方式的改变，彻底打破了这个界限。即使没有人的移动，体育文化还是能够以更加快捷的方式广泛地传播出去，进而影响体育文化区的演变。

三、体育文化的特征

第一，民族性特征。人类文化在长期的演变与发展中，既有共通点，又多种多样，且极富民族风格。东方体育文化与西方不同点，也恰好彰显了不同国家、不同民族在体育运动方面的差异，以及其所具有的民族特征。民族体育文化模式，是各个地区的人们，通过自己的生产方式构建的别具一格、各具形态，且又能与当地民情、文化、民俗相符的体育文化。所以，民族体育文化形式和当地的风土人情、地理环境以及经济发展条件等有着十分紧密的联系。

第二，社会性特征。体育文化的社会性，即体育文化的群众性。伴随人类生存与发展而逐步形成的体育文化，直观展现了人类社会的文化，同时还全面展现了人和社会互相影响、密切联系的内在关系。

第三，差异性特征。体育文化的差异性，既反映在特定民族与区域人们的日常习惯方面，又体现在体育文化的思想理念与价值标准上。中华民族的体育文化比较重视个人身心的提升与思想道德素质，以及礼仪等方面的锻炼，反映了人的思想品质和行为习惯相一致的风格与传统。

第四，时代性特征。时代处于逐步的变化与演进中，不同历史时期的人们，在生产、生活方面展现的形式各不相同。体育文化形式基于特定的时代背景而形成，在特殊的历史阶段与背景下，会形成相应的体育文化，使其拥有了别具一格的内容和与时代特征相符的形态。所以，体育文化的时代性十分显著。

第五，继承性特征。传统性是继承性的另一种称谓。在中国古代养生理念中，最初是提倡以静养生的，但随着后期文化的发展与交流，其运动方式开始向动态的方向发展。直至今日，才形成了动静结合的养生理念。比如，以往我国体育文化主张修身养性，但随着时代的发展，逐步发展为增强个人体质、磨炼自身意志等方面，而当前的体育运动理念则以改善自身身体素质为主。

第二节　高校体育教学的特点与功能

一、高校体育教学的特点

（一）体育教学的共性特点

体育教学与其他学科教学有一定的共同点，但也有很多不同点。从体育教学的性质来分析，体育教学与其他学科教学的共性主要体现在以下方面：

第一，体育教学是教师与学生的交流及互动。在体育教学过程中，教师与学生的双边活动和其他学科的教学活动一样具有互动性强的特征，教师与学生存在着双向交流。学生在课上的一举一动是公开的，教师的指导对全体学生会带来或大或小的影响，教师的"教"与学生的"学"是课堂教学对立而统一的充分体现。

第二，班级授课制是体育教学和其他学科教学都具有的上课方式。与其他课程教学一样，体育课的班级组成一般是自然班，但也有打破自然班组合的情况。例如，在高校体育课的选修课程中，每个教学班的人员组成并不是自然班，有同一个学院、同一个专业各个平行班的学生，也有同一个学院不同专业的学生，甚至有不同学院、不同专业的学生在同一时刻一起上体育课的情况。出现这样的情况是由高校体育教学的特点所决定的，虽然打破了自然班的建制，但实际教学中依然体现出了班级授课的特点。班级授课制的特点是一个学期内体育课堂教学的班级学生相对固定，且班级内学生的年龄、生理基础、技能水平基本处在同等水平线上。

第三，体育教学的主要目的是传授相应的知识和技能，这与整个教育事业的"传道授业"有着同样道理。相较于其他文化学科，大部分学生喜欢并且愿意上体育课，并且学校对体育课的要求越来越细致、严格。大家都知道参加体育活动对身心发展具有很好的促进作用，特别是对智力开发具有特殊的意义。

因此，体育教学是传承"知识与技能"的独特方式，所不同的是，体育教学传承的是体育文化。

（二）体育教学的独特特点

结合体育教学的性质，并对其他学科教学进行对比分析，可以总结出体育教学的独特特点，具体如下：

1. 师生身体活动的频繁性

在体育教学过程中，由于"身体知识"源于人体不断思考、操作与实践，因此在体育教学中，需要体育教师反复进行技术动作的示范、反馈与指导，而学生要做的则是端正态度，集中注意力观看，之后再进行身体动作的尝试与体验。不通过亲身实践与身体练习，是无法习得相关技术与技能的。所以，在体育课的实际教学过程中，教师与学生进行身体动作教学是很常见的事情，但在其他学科的教学中很难看到。其他学科的课程一般情况下都在室内进行，要求安静融洽的课堂氛围，这样才能对激发学生的思维、产生学习效果起到良好作用；但体育教学则恰恰相反，在活动过程中既有学生强烈的身体活动，也有适当的感情与情绪表达，这些都是外显的行为表现，渲染了体育文化，直观地体现了体育运动中积极与阳光的一面。

2. 传承运动知识的操作性

与其他学科明显不同的是，体育运动的知识是"身体"的知识，身体知识对学生认知自我具有重大作用，其重要性需要得到足够重视。身体知识是一种回归人类自身感觉的知识。这方面的理论是人类发展过程中的一种特殊知识，是人们对外部自然知识的追求转向对人体内部知识的追求的结果，是人类面向自我、面向人类人体、面向人类自身的一种挑战。

当今，各级别的学校都十分重视学生的主体性，关注学生的个性养成，这种追求人类自我知识的回归不仅显示出体育教学的特殊性，也体现了体育教学知识传承的特殊目标与根本意义。可以满怀信心地认为，在未来，这类知识必将被大部分教育者所接受与认可，并将广泛地应用于人类身心健康的具体研究之中。

3. 学生身心合一的统一性

体育对人自身自然的改造，不仅是外在结构与生理机能的统一，还是身体和心理的统一。体育教学要在传承体育文化的同时改变学生的身体形态，并强化学生的心理与社会适应能力的发展。体育教学与其他学科的智育教学所处的情境是不同的，它营造了一种能够直观感触到的教学环境，这些直观明显的、生动形象的、富含情感的教学情境对学生的心理与社会适应能力的健康发展起到了促进作用。因此，体育教学中的身心发展是一元的，符合辩证唯物论的哲学观点。身体发展是体育教学的基础，心理发展是依靠身体的发展而发展的，心理的发展同时促进着身体的发展。体育教学中身心合一的统一性主要体现在以下三个方面：

（1）体育教师在教学中选择教学方法时必须考虑学生的个人情况，符合学生的身心变化规律，使学生在一定运动负荷的要求下，在身体锻炼与整理休息的过程中实现发展身心的目的。在人体开始运动后，机体的生理机能状态出现变化，各器官进行工作，长期坚持后运动水平就会进一步提升，发展到一定水平时，会固定一段时间，当体内堆积大量代谢物质，如糖原等物质消耗过多后，机体的运动水平就会下降。在体育课程教学中，教师对运动负荷和调整休息有着科学的分配，所以学生的生理机能变化不是直线，而是具有波峰和波谷的曲线。

（2）"体育教学以其特殊的活动形式，丰富的教学内容，体力与智力相结合的不同于其他课程的教学特点，决定了体育教育与心理健康教育存在着互相联系，互相促进的关系。"[1]因此，体育教学的内容在选取上不仅要注重对学生身体各器官与系统、各种运动能力和各种身体素质的正面促进，还要注重对学生心理健康及社会适应的培养，要符合心理学、体育美学和社会学等方面的要求。

（3）体育教学要符合学生的年龄特点和心理特点。因为学生尚处于成长发育阶段，因此心理上很容易出现变化及波动，思维、情绪、意志等方面的变化会对动作技术和体育技能的学习产生影响。这种生理、心理负荷波浪式的曲线变化规律体现了体育教学具有鲜明的节奏。

体育教师应根据学生的心理特征对教学进行全面设计和组织，在促进学生身心发展的同时，培养学生对体育的积极性，形成对体育项目的兴趣，让体育教学更有效地发挥自身的功能。"与此同时，各大高校也要不断加强对先进教学理念的引入，切实加强体育教学与素质教育之间的联系，深化理论

---

[1] 李凌. 试论高校体育教学与心理健康教育[J]. 西安体育学院学报，2000（2）：82.

知识和教学实践之间的融合,培养学生们良好的体育习惯和体育兴趣,有效提高学生的自主学习能力,引导学生们正确认识体育锻炼的实际价值,为学生们的终身体育提供强有力的保障。"①

4. 客观外界条件的制约性

体育教学还有一个与众不同的特征,那就是体育课的教学效果更容易受到外界各个方面的影响,更容易受到客观实际情况的制约,如学生的体育基础素质、体质水平,学生的性别、年龄、生理和心理特点,外界气候条件、运动场地、器材设备等,这些因素都从不同层面对体育教学的质量有着不同程度的影响。

从体育教学的角度来说,体育教学的实施要体现教育的全面性,不仅要根据学生的运动基础进行区别对待,还必须对学生的年龄、性别、生理和心理特点等进行全面考虑。因为男生和女生在身体形态、运动素质、机能水平、运动功能等方面差异巨大,所以教师在教学设计、教学要求、教学组织等方面应根据学生的性别不同而有所区分。

5. 教学内容的审美情感性

体育具有艺术感和美感,体育教学中体现出的美感体现在两个方面:第一,师生运动过程中的形体美与运动美上。学生通过身体锻炼让自己的身形变得更具有美感,形成身体各部分线条的美、身体比例对称的美,在运动的过程中体现出人体结构的美,这些都是体育运动的外在美。第二,体育教学还体现了人类挑战自我的精神之美,也就是内在美。在运动中克服身体和精神的障碍,达到运动学习的目标;运动实践中体现谦虚、谦让、尊重等良好的道德风范,这些也都是美的表达。除了体育运动的外在美和内在美外,体育教学活动还体现了教学内容的审美性。

每个运动项目都彰显出不同的审美特征与美学符号,例如,球类项目除了表现出人的运动能力和运动天赋外,还需要具备团队合作、相互协调、互帮互助等人际交往的素质,田径项目更多的是表现人类的力量与速度,同时显现出没有永远的赢家,永不放弃、奋勇拼搏的豪迈气概,健美操项目展示的是柔韧、灵巧、艺术表现、婉约、柔和的美,等等。

---

① 苏仪宣. 高校体育教学方法创新路径研究 [J]. 内蒙古财经大学学报,2021,19(4):61.

6. 教学过程的直观形象性

体育教学的过程中体现了鲜明的直观形象性。具体来讲，教师在教学讲解中的声音不仅要洪亮、清楚，还要生动形象、通俗易懂地描述动作技术，把要传授的知识进行艺术加工，把复杂的技术动作诠释得形象、通俗，这样能让学生加深对动作的感知与记忆。同时，体育教师采用特殊的方式进行动作演示，需要通过直观的动作形象进行示范，具体方式有教师亲自示范、优秀学生示范、学生正误对比示范、教学模具示例、人体模型实例和动作图解等，使学生通过感官形成对动作的基础意识，建立正确的、清晰的运动表象。学生通过各种渠道与媒介观看正确的动作示范，获得生动的表象，同时活跃思维，从而达到掌握体育知识、技术和技能的目的，还能发展自身的观察能力和形象思维能力。另外，体育教学的组织与管理也体现了直观形象性的特征。

二、高校体育教学的功能

（一）传授运动技能

传统的运动技能等同于生存技能。那时的人类通过走、跑、跳、投、打等行为捕猎和采摘，已获得生存的能量。体育教学中所涉及的体育运动技能对于人体的要求就不再像过去那样严格，主要是指如球类、武术、田径和游泳等运动技巧和方法。科学研究表明，适当参加体育运动对人的身体素质的发展非常有益，而体育教学就成为传授这些运动技术的最好方式。

当前，在体育教学中，体育教学活动的组织过程就是体育教师以体育教学内容为依据，向学生传授体育知识与相关技能的双向信息传送过程。因此，运动技术就成为体育教学的主要内容，也是重要内容。具体来说，教师在体育课中传习的是各项具体运动技术，如足球运动中的传球技术，甚至可以细分到内脚背传球技术。运动技术不同于其他学科的学习，它不仅需要学生对运动理论有深刻的了解，还要身体力行地参与技术练习，在无数次的重复中逐渐在脑中和身体上建立起对技术的表象反应，最终到熟悉动作以及可以在下意识的情况下作出正确的动作。因此，对于运动技能的训练，没有实践就无法学会。

作为运动技术的掌握者和传播者，体育教师在向学生传授运动技术的过程中发挥着十分重要的作用。体育教师对运动技术的传授应该从简单的、入门的、基础的入手，在此之后逐渐积累，由简到繁，循序渐进。

(二)教育功能

作为一种教育活动,体育教学对人的教育功能是其本质功能之一,主要体现在以下方面:

第一,教会人的基本生活能力。人在生下来以后是缺乏生存需要的基本能力,如走、跑、跳等,这些都需要后天加以学习和训练,而体育教育是最好的途径。体育教师从小就教我们站立、走路、跑步的正确姿势,为我们日后生活打下了坚实的基础,这是人最初始的需求,从这个角度来讲,体育教育不可或缺。

第二,传递体育知识与文化。由于体育是人类生产生活中不断形成的文化活动,是一项宝贵的文化遗产,因此必须通过一定的活动来传递这种文化。体育教育就是承担这个职责的最好助手。通过体育教育,人们可以学习体育知识,掌握锻炼身体的办法,并且可以让人认识到体育对人的健康的价值,促进人们形成一定的体育意识,养成体育运动的习惯,从而形成健康的生活方式。通过引导青少年参加体育比赛,观看体育比赛,对体育规则和文化有进一步的认识和了解,从而起到传递体育文化的作用。

第三,促进人的社会化。每一个人都不仅是一个自然人,更是一个社会人,具有很强的社会性。人在经历家庭教育、学校教育、社会教育的共同作用后,人的社会属性逐渐成为第一性,逐渐完成个人的社会化。每个人只有完成社会化,才能不断适应社会的需要,如果一个人不能充分地、完善地完成社会化,那么他就可能会对社会产生一定的危害,因此必须努力促进人的社会化。人在参加体育运动或者体育比赛时,都需要遵守项目的规则和要求,遵守规则放到社会领域便是遵守法律法规、遵守纪律等。体育比赛中强调的公平公正,如果延伸到生活中,就是追求社会的平等和公正。在参与体育比赛的过程中,需要跟不同的人交往,如队友、裁判、观众等,这些都可以帮助人适应社会中的角色,通过参与和体验,不断修正自己的行为。体育教育是一项非常好的促进人社会化的活动。

第四,进行爱国主义教育。在体育教育的活动中,体育比赛等活动可以激发人们的爱国热情,是一项非常好的进行爱国主义教育的手段。我们时常能在奥运会、世界杯等世界性大赛的舞台上看到运动员在取得胜利后披着国旗绕场一周的画面,这些都能很好地给观看比赛的青少年传递极大的爱国热情,进行良好的爱国主义教育。国际比赛前的奏国歌仪式总能激发人们爱国的热情，让人们接受爱国主义的洗礼。因此，各种形式的体育活动和比赛是最好的爱国主义教育。

第五，立德树人的教化功能。高校体育的品德教化功能也非常显著。高校体育可以显现社会上推广的、正确的社会价值观，并起到积极的传播作用。同时，在体育教育的过程中，教师还能够针对学生流露出的内在价值观念作正确的引导，倡导和发扬正能量思想。学校着重强调学生要具有顽强拼搏的精神、积极向上的生活态度、健康生态的生活理念、高雅文明的生活方式，高校体育在这方面起到极大的推动作用，其具体的作用机理在于意识观念上的感化，行为上的外化，后者是前者的进一步升华和外在的表现结果。

第三节 高校体育教学的指导思想

一、以人为本

就目前来看，在"以人为本"体育教学思想指导下的体育教学改革取得了积极成效。因此，我国在今后开展体育教学时，仍有必要贯彻这一体育教学思想，以便在实现体育自身价值的同时，进一步深化学校体育教学改革。事实上，在新的时代背景下贯彻"以人为本"体育教学思想，不仅有利于实现学生的个人价值与社会价值以及体育的健身价值和人文价值，而且能确保学校体育教学不断取得理想的成效。此外，在体育教学中运用"以人为本"体育教学思想时，要想获得良好的成效，必须做好以下三方面工作：

第一，充分尊重学生在体育教学中的主体地位。"以人为本"体育教学思想就要求学校在开展体育教学活动时，必须以学生为主体，确保每一个学生在体育学习中都能够有所收获。为此，学校在具体开展体育教学活动时，必须尊重学生的人格，承认学生在个性、身体素质以及学习能力等方面存在的差异性，从而因材施教，确保每个学生都能积极主动地参与到体育学习之中。

第二，充分尊重体育教师在体育教学中的主导作用。为此，体育教学应不断充实自己的体育理论知识，提高自己的体育运动技能，丰富自己的体育运动经验，并重视研究体育教学大纲、体育教材以及体育教学的方法、手段等，以便能够在体育教学中充分发挥主导作用，确保体育教学的顺利开展，并取得理想的效果。

第三，科学构建体育教学的评价体系。传统的体育教学在开展教学评价时，评价方式比较单一，评价内容也比较固化，因而评价的结果不够客观、准确，影响了体育教学的进一步发展以及学生的全面发展。而"以人为本"体育教学思想要求学校在开展体育教学评价时，必须运用多样化的评价方式，而且要尽可能保证评价内容的多元性与全面性，从而能够挖掘学生的运动潜能，帮助学生建立学习体育的自信心，继而确保每一个学生都能够在体育学习中有所收获，有所提高。

二、健康第一

传统的体育面向过军事，面向过劳动和生产力，也面向过精神的培养，还曾经面向过竞技等。而"健康第一"体育教学思想的提出，以及其对体育课程和教学的改革的指导，说明体育要面向生活，面向人的健康和幸福，面向终身体育。需要注意的是，这里所说的健康绝不只是指学生现在的健康，而是学生一辈子的健康。

在体育教学中运用"健康第一"体育教学思想时，要想获得良好的成效，必须做好以下工作：

第一，重视培养学生的体育兴趣。在体育教学中，要贯彻"健康第一"体育教学思想，实现体育教学的目标，推进体育教学改革，最为重要的一点就是培养学生的体育学习兴趣。

第二，重视对体育教学方法进行改革。体育教学最主要的目的就是促进学生的全面发展，包括增强学生的体质、丰富学生的体育理论知识、提高学生的体育运动技能、培养学生良好的体育锻炼习惯、提升学生的思想品质和意志品质等。基于此，在开展学校体育教学时，必须积极探索更为科学的体育教学方法，以确保体育教学目的的实现。

第三，切实落实学生体质健康标准。在开展体育教学时，只有严格遵守健康标准，才能真正达到增强学生健康的目的，从而使学生终身健康的意识和行为得到升华。

三、终身体育

"终身教育是我国进行教育改革的指导方针,它主张我国人民在任何需要的时候,都可以以最好的方式提供必要的知识和技能。"[①] 终身体育是终身教育的一个重要组成部分,指的是在人的一生中都要进行身体锻炼和接受体育教育与指导。终身体育思想的终身性指的是在以终身体育教学思想为指导来开展体育教学时,必须根据个体生长发育、发展和衰退的规律和阶段性特征引导其进行科学的身体锻炼,并养成终身锻炼的习惯,以便能够终身受益。在体育教学中运用终身体育教学思想时,要想获得良好的成效,必须做好以下工作:

第一,积极培养学生的终身体育意识。在体育教学中运用终身体育思想时,必须重视培养学生的终身体育意识。为此,要重视端正学生的体育学习态度,使他们建立正确的体育学习目标,形成长远的、持久的学习动机;要重视培养学生的体育锻炼习惯,并引导学生将体育锻炼的习惯延续到校园生活以外;要重视培养学生的体育素质,并要以健身为目标,将素质、技能、知识、能力等教育内容渗透到学生终身体育意识的培养中。

第二,不断丰富和拓展体育教学的内容。不断丰富和拓展体育教学的内容,对于培养学生终身体育观念也有重要的作用。具体来说,体育教学内容的丰富和拓展能够使学生始终对体育运动保持较高的兴趣,从而更加积极、主动地参与到体育教学之中。这对于学生终身体育意识的养成来说也是十分有利的。

第三,积极引导学生将自我发展与社会需要有机融合在一起。终身体育着眼于人一生中各个不同的年龄阶段、不同的生活环境、不同的职业特点来选择相应的锻炼方法和内容,进行不同形式的身体锻炼,以保证终身受益。而学校体育教学正是为未来扮演不同社会角色的学生提供了一个良好的参与体育的契机,指导其参与体育锻炼,以便进入社会后更好地适应社会。因此,终身体育不仅要促进学生在学校的发展,还应充分满足社会发展对学生未来的发展需求,这就要求体育教学应重视学生的当前和长远发展。为此,在开展体育教学的过程中,必须积极引导学生将自我发展与社会需要有机融合在一起。

---

① 王昊. 终身教育下的高校体育教学改革探微 [J]. 当代体育科技, 2020, 10 (30): 35.

四、创新教学

21世纪是知识经济的时代，这种经济是以不断创新的知识为主要基础，依靠新的发现、发明、研究和创新，并建立在知识的传播、转化和应用的基础上，是一种高度智力化的经济，其核心在于创新。这一切又深深扎根于教育的基础之上，因此，实施创新教育就是时代的呼唤。此外，迎接世界科技发展的挑战，实现中华民族伟大复兴，关键在于人才，而人才竞争的关键又在于教育，因此，教育的种种不适应必须经过改革、创新、调整，这是素质教育思想的根本所在。也就是说，我国要推进教育改革，必须遵循创新教育思想。

在体育教学中运用创新教育思想时，要想获得良好的成效，必须重视培养学生的创新能力。要对学生的创新能力进行培养，体育教学中必须做好以下工作：

第一，充分尊重学生在体育教学中的主体地位。体育教学应在尊重教师主导性的同时，充分尊重学生的主体地位，这就要求体育教学要以学生为本。以学生为本则要求体育教师激发学生的求知欲，调动学生自学的积极性，尊重学生的主动性，让学生能够自由地茁壮成长。

第二，借助于灵活多变的教学方式来增强学生参与体育运动的兴趣。与文化课相比，体育课呈现出一些独特的特点，即更加形象、更加直观、更加生动、更加富有趣味性。此外，体育教学课堂是比较灵活的，体育教师可以依据教学课堂的实际情况，借助于游戏、比赛等来丰富教学的内容，同时调动学生参与课堂教学的积极性和主动性。因此，体育教学的方法绝不能是单一的、固定的，必须具有多样性和变化性。

第三，积极鼓励学生进行创新。有一些体育教师认为，鼓励学生创新是文化课教师的任务。这种认识是错误的，原因在于体育教师在开展体育教学活动时，也需要鼓励并引导学生用新的思维对已经学过的体育知识和体育技能等进行重新审视，以便学生能够不断优化自己的体育知识结构、完善自己的体育技能、形成新的认知理论和认知方法。

第四，将对学生创造力的培养延伸到课堂之外。一节体育课的时间是有限的，仅仅依靠课堂教学来培养学生的创造能力是完全不够的。而课外时间相比课堂时间来说要多很多，而且课外有着更为广阔的空间来供学生进行实践。因此，体育教师也必须充分利用课外的空间和时间来培养学生的创造力。此外，将对学生创造力的培养延伸到课堂之外，也有利于培养学生的终身体育意识。

第四节 体育教学中体育文化功能的凸显

体育文化是我国重要的精神文明瑰宝，将体育文化应用于高校体育教学实践，有利于进一步丰富高校体育课程教学内容，实现高校体育课程教学的多元化开展，使高校能根据大学生个体化差异，有针对性地制定体育课程教学规划。从而，在加强体育文化教育传承的基础上，要提升当前阶段高校体育课程教学质量。

一、体育文化对高校体育教学的影响

我国体育文化发展历史较为悠久，体育文化内容也较为丰富。以传统文化为载体，推进体育文化与现代高校体育教育的融合，有助于更好地丰富高校体育教育内容，加强基于兴趣导向的教育实践，提升高校体育教学的总体实效性。

（一）丰富高校体育课程教学内容

体育文化中的部分体育项目具有极强的文化感染力。在文化发展视角下，将体育文化嵌入高校体育教育，则能更好地丰富高校体育课程教学内容，提升高校体育课程教学针对性，充分保障体育课程教学质量。例如，将射箭、赛马、舞狮、摔跤、武术、龙舟及太极拳等传统体育项目，融入高校体育课程教学实践，则可更好地根据大学生体育课程学习需求，有针对性地制定体育课程教学策略及教育规划，大幅度提升高校体育课程教学有效性，使高校体育课程教学达到更高水平。因此，体育文化发展对于高校体育教学影响深远，使高校体育课程教学，能更好地融入当前教育发展新环境，充分满足高校体育专业人才及高等人才教育培养需求，提升高校体育课程教学的综合质量。

（二）加强兴趣导向的体育课程教学实践

培养大学生体育课程学习兴趣是新时期高校体育课程教学的难点。常规的体育项目课程教学，难以充分引起学生课程学习猎奇心理。具有趣味性的

体育课程教学内容，则存在一定的危险性，无法有效应用于当前高校体育课程教育实践。以体育文化发展为核心，将体育文化及体育项目作为培养加大学生体育课程学习的重要引导，提升大学生体育课程学习参与能力，提升大学生体育课程学习兴趣，这对于帮助高校摆脱大学生体育课程学习兴趣匮乏具有实际作用。这其中，大学生可以根据自身学习兴趣，自主选择体育课程学习项目，并围绕对体育文化的学习，丰富自身体育课程理论知识积累，具备更高的体育专业素质，提升体育课程学习实践能力，为后续阶段更好深入体育课程教育实践夯实基础。

二、体育文化在高校体育教学中的实践需求

体育文化在高校体育教学中的实践运用，将从传统文化发展视角，为高校体育课程教学工作提供支持，并充分实现高校体育教学与传统文化教育双向互补，进一步满足加强体育文化发展传承与拓展高校体育教学功能两个方面的需求。

（一）提升大学生体育文化教育传承

加强传统文化的教育传承是新时代高校人才教育培养的重要组成部分。不同于单一概念上对传统文化的教育渗透，在高校体育教学中加强传统文化教育传承，是围绕开发体育课程教学资源，为高校体育课程教育工作的推进提供帮助，使高校体育传统文化成为高校传统文化传承发展的重要引导。充分实现高校文化教育与体育课程教学的有效平衡，最大限度地拓宽高校传统文化教育路径，使高校体育课程教学工作稳步推进的同时，能基于传统文化教育需求，更好地建立双向互补的教育体系。所以，体育文化在高校体育教学中的实践运用，不仅在丰富教育形式、拓展教育内容及加强教育实践等方面发挥重要作用，在提升传统文化教育传承能力方面，高校也充分运用体育课程教学为其提供教育支持，使高校传统文化教育与体育课程教学实现多元化的协同推进。

（二）拓展体育文化视角下的高校体育教学功能

高校体育课程教学承载重要的教育功能。但从现实教育环境来看，由于部分高校对体育课程教学缺乏重视，使高校体育课程教学功能受一定的限制，未能充分发挥高校体育教育优势。将体育文化作为高校体育教学实践的重要

内容，并基于体育文化打造多位一体的体育教育体系，则可针对高校体育教学功能的拓展，使高校体育课程教学功能得到进一步丰富。譬如，围绕体育课程教学，帮助大学生养成良好的体育训练习惯，能使大学生体能素质得到有效强化。此时，则可运用体育文化教育，通过开发大学生体育学习潜力的形式，将传统体育项目与现代体育课程教学相结合，提升大学生体育文化知识及现代体育知识积累，开拓大学生体育课程学习视野，使大学生能根据自身体能优势，更好地加强体育课程学习方面的学习表现能力。以此，为未来阶段深入开展体育课程教育实践奠定良好根基。

三、体育文化在高校体育教学中的实践策略

体育文化在高校体育教学中的实践运用，要基于教师队伍建设、教育实践探索及多元教学平台搭建，做好系统化教育实践布局。确保体育文化在高校体育教学中，能发挥积极的教育引导作用，实现体育文化与现代体育课程教学双向融合，使体育文化可以更好地融入当前高校体育教育新环境。

（一）强化基于体育文化的教师队伍建设

加强教师对体育文化的了解、使教师具备传统体育项目的教学应用能力、帮助教师更好地从体育文化教育视角下开展教育布局是提升体育文化在高校体育教学中实践有效性的关键。对此，高校应面向体育文化的教育运用，做好教师队伍建设规划，针对教师队伍开展系统化的教育培训，使教师能对体育文化有更深层次的了解。其中，高校需要定期设置专项的教育考核项目，应及时做好教育成果验收，分析教师在体育文化方面的教育不足，并给予教师部分体育文化教育建议，使教师能根据体育课程教学要求，将体育文化融入体育课程教学的各项细节。除此之外，高校基于体育文化开展教师队伍建设，必须考虑教师教育专业性、教育实践能力及教育质量对体育文化教育的影响，保证教师能从专业化视角，对部分体育文化内容做好提取，实现体育文化与现代体育教育发展的有效衔接，进一步加强教师对体育文化的教育应用及教育资源整合能力。

（二）加强传统体育项目的教育应用实践

将传统体育项目作为高校体育课程教学实践内容，有助于更好地加强体育文化的教育渗透，对于完善高校体育教育体系具有实际帮助作用。所以，

高校应将部分传统体育项目作为当前体育课程教学的重点内容，通过分析大学生传统体育项目学习兴趣及学生体育专业学习优势，有计划地开展传统体育项目教育实践。其中，高校既要做好对大学生良好学习兴趣的培养，做好对部分体育项目内容的优化，同时，也要基于提升体育课程教学的实际有效性，加强对传统体育项目中部分现代体育元素的运用，使大学生能更好地适应传统体育项目学习课程，提升大学生体育文化及体育项目学习适应能力。另外，高校应根据传统体育项目特点，在保证安全性的前提下，做好对传统体育项目竞赛的积极组织，基于体育竞赛提升大学生传统体育项目学习能力，使大学生能更好地在体育竞赛中发挥自身学习优势。进而，基于扬长避短的教育思想，将传统体育项目融入高校体育课程教学体系，提升大学生对传统体育项目的学习兴趣。

（三）打造多元化体育课程教育实践平台

大学生对于传统体育项目学习兴趣匮乏的问题，阻碍了体育文化在高校体育教学实践中的运用。打造多元化体育课程教育实践平台，是从加强体育文化教育影响力的视角，培养大学生对体育文化学习自主意识，提升大学生对体育文化内容的了解及学习理解能力，使大学生能更好地参与体育文化学习实践，并配合传统体育项目教学，为大学生更好参与体育文化学习营造良好环境。为此，高校应利用线上教育平台的对接，做好线上、线下双向教育体系建设，通过线上理论知识学习及线下的教育实践应用，提升大学生对体育文化的学习意识，帮助大学生养成学习体育文化的良好习惯，使大学生能在解读体育文化的过程中，将部分体育文化思想应用于当前体育课程学习。此外，需要注意的是，高校多元化体育课程教育实践平台的打造，要注重对线上、线下课程教学周期的优化，缩短线上、线下课程隔间时间，使大学生能长期对体育文化学习保持浓厚兴趣，避免间隔周期过长，使大学生体育文化学习流于形式，进一步提升体育文化的教育实践有效性。

（四）优化高校体育课程教学及学习评价体系

优化高校体育课程评价体系至关重要，是提升体育文化教育融合有效性的关键。高校常规模式的体育课程教学考核，主要基于学生体能素质及考核成绩作为评价依据。这一方式，虽然可以较为直观地了解学生体育学习水平，但由于学生体能素质的个体化差异相对较大，所以有时无法有效根据学生自身体育专业优势做好深层次的体育课程教学分析。因此，基于体育文化的体育课程教学实践，则应将学生体育理论知识积累、体育项目实践评分及对体育文化的了解等，作为主要的教育评价考核标准。使教师能从更多维度分析学生体育学习现状，帮助学生更好地克服体育学习不足，为未来阶段高校体育课程教学的高质量开展提供教育保障。与此同时，高校需要在体育课程教育评价内容方面做调整，将具有体育文化特点的内容作为高校体育课程教育评价与教育考核的主要方向，确保高校体育课程教育考核、评价，能与高校体育传统文化教育保持步调一致，在未来阶段更好地在体育课程教学实践方面，为发挥体育文化教育优势创造有利条件。

（五）创新体育文化为载体的体育教学新形式

体育文化涉及内容较为宽泛。为更好契合新时代高校体育课程教学需求，高校应基于体育文化教育发展，创新当前体育课程教学新形式，将具有时代特征及新时代教育前瞻性的内容，引入现阶段体育课程教学体系，使高校体育课程教学，能在体育文化教育发展的推动下，更好地在教育改革方面保持一定的教育先进性，实现高校体育课程教学与时代发展的充分接轨，解决高校体育课程教学滞后性问题，为未来更好地运用体育文化开辟体育课程教学新路径做好教育铺垫。对此，高校应在体育课程教学策略、教学方法及教育内容三个方面进行优化：

一是在教学策略方面，高校体育课程教学应将激发学生学习潜力及提升体能素质作为课程教学的主要目标，改变早期阶段追求阶段性教育成果产出的教育模式，使高校体育课程教学能更好关注学生体育学习能力的强化。

二是在教育方法上，高校应采用柔性策略开展体育课程教育实践，从体育文化视角，加强文化教育渗透对大学生体育课程学习的影响，使大学生能对体育课程学习保持积极的思想状态，避免部分大学生对体育课程学习产生抵触。

三是在教学内容的创新方面，高校体育课程教学，应在充分借鉴传统体育项目的基础上，以现代体育教育思想为基础，做好课程教学实践探索，实现高校体育课程教学面向更多的教育领域延伸，使高校体育课程教学能将体育文化教育作为核心切入点，不断提升高校体育课程教学实践能力。

综上所述，加强体育文化的教育传承，对于高校完善体育课程教育体系具有重要意义。高校应在充分运用体育文化理念及文化概念的同时，做好体育文化教育资源整合，将符合当前教育需求的内容，运用于现阶段体育课程教育实践，能更好地实现体育文化与现代体育教育思想的结合，提升高校体育课程教学质量。

第二章 高校体育教学的理论体系

第一节 高校体育教学的目标及制定

一、高校体育教学目标的认知

（一）高校体育教学目标的作用

体育是作为人的自然属性与社会属性的身心教育，体育课程的本质属性反映了国家对人才体质健康的整体要求。教学是一种有明确目的的活动，这种目的性渗透到课堂教学之中，便由每堂课的教学目标来体现。唯有合理制定体育教学目标，才能稳妥地实现体育教学目的。教学目标对于指导课堂教学实施具有非常重要的作用。假设课堂教学没有预先设定教学目标，那么教师的教学可能会变得没有方向，没有尺度，学生也会感到非常迷茫，不知道自己的学习方向。由此看来，教师的教学离不开教学目标，学生的学习也离不开教学目标，与教学相关的活动也离不开教学目标，教学目标的确有着非常重要的功能。

1. 定位并指导体育教学任务

"目标"这一预期的结果通常是策略性的，并具有灵活性，可以观察、可明确地解释、可测量、可评价的。体育教学目标取决于具体的体育教学任务，而具体的体育教学任务可以支撑体育教学目标的实现。

体育教学目标的完成需要教师的教和学生的学两方面共同努力，反映了师生在体育教学中的努力方向和愿望。体育教学目标为教师的体育教学工作明确了预期成果，使他们清楚体育教学工作的努力方向。在体育教学过程中，体育教学目标的实现遇到阻力障碍，教师应及时地发现问题，修正体育教学的方法甚至教学内容。同时，作为体育学习者，学生应在教师指导下，改进体育学习的方法。

2. 指导教师对教学过程的设计实施

体育目标指的是在一定时期之中所应当收获的预期结果，它的存在能够指引体育中的各项工作。体育目标作为体育目的的具体化，所体现的是学校教职工在履行自己工作职责时，对于体育本身价值的理解程度。因此，体育目标制定得是否合理，对于体育实践活动的开展有着直接影响。

作为教学设计者的教师，一旦确立了教学目标，就可以继续确定与之相适应的教学材料、教学方法和教学媒体等。从这个角度来说，教学目标对教师设计与实施教学的确起着重要的指导作用。教学目标可以帮助教师明确教学思路，确定通过哪些途径能更好地完成教学任务，知道怎样合理地组织教学内容。例如，当一节课的教学目标是学生对常识性体育知识的掌握时，教师就可以选择"接受性学习"的教学方法（如讲授法等）；当教学目标侧重学生对运动知识的探究时，教学方法的确定就应考虑让学生开展"发现性学习"，这时的教学方法以教师的宏观指导为佳；当教学目标侧重学生对具体事物的分类或区别时，选择直观的教学媒体就显得非常必要。比如，当一节课的教学目标是关于跑的分类及其特征的内容时，教师便可以考虑应用多媒体将各种各样的跑呈现出来。从这些例子可以看出，教学目标在教学过程设计中，尤其是在教学手段的选择中，具有决定性的导向作用。

3. 引导学生的学习进程

教学目标通常被表述为预期的学习结果。要想使学生能够获得良好的学习结果，教师应当让学生明确自己的学习目标，使学生的学习具有方向性。目标明确与否，在很大程度上决定了学生的学习态度和学习效果。学生有了清楚的目标，就能做到心中有数，产生强烈的参与感，积极地投入学习活动中去。学习目标还能使学生清楚地了解自己的学习内容，确定哪些方面有待加强，从而制订出切实可行的学习计划。一旦学生明确了自己的努力方向，便能够产生强烈的学习热情，增强完成学习任务的责任感，提高课业学习的效率。总之，教学目标对学生的学习具有很重要的导向和激励作用。

4. 提供教学评价的依据

教学评价是教学过程的一个重要环节，是对学生达成教学目标程度的检验。要检验学生的学习情况，首先要有一个关于学习内容的评价标准，这个标准就是教学开始之前确定好的教学目标，反映学生经过一个学习过程之后应该达到的程度。体育教学工作状态的优劣，必须通过适时的教学评价才能获得相应的信息，才能了解体育教学目标的实现程度，才能使体育教学过程最优化。教学目标是进行科学测试和作出客观评价的基础，教学评价必须以教学目标为依据。无论是实施诊断性评价，还是进行形成性评价，在编制测验内容时都要以教学目标为依据。此外，教学目标还有助于学生对自己的学习情况进行评价，找出自己的学习现状与教学目标要求之间的差距，从而有针对性地调整自己的学习策略。由此看来，教学目标不但为教师评价学生提供了参照，还对学生的自我评价有很强的指导作用。通过不断的信息反馈，及时纠正体育教学活动的偏差，使一切教与学的活动都紧紧围绕体育教学目标的实现来进行，以提高教学效能。

除了以上讨论的作用以外，教学目标还有其他一些作用。例如，对于学校与家长之间的沟通来说，教学目标也具有重要的意义。教学目标能使家长更明确地知道子女在学校中的学习内容和进度，有助于学校与家长之间针对学生的学习情况进行交流。既然教学目标如此重要，那么对于教师来说，熟知教学目标的相关理论，掌握编写教学目标的相关知识，并且能够针对具体教学内容制定科学合理的教学目标，应该成为教师必须具备的教学基本技能。

（二）高校体育教学目标的特征

1. 导向性

体育教学活动开展的过程中要牢记将体育教学目标作为参照的标准和主线，脱离了这个核心的标准，一切的教学活动就像失去导航而变得散乱没有主题和章法。体育教学目标对体育教学起着积极的引导作用，也对后续的内容设计、过程的实施与把握起着一定的制约与调控作用。

如果体育教学目标设置得科学合理，且能够与教学活动的开展高度契合，体育教学课程就能获得较好的教学效果，否则的话，教学目标就不能起到应有的导向作用，从而影响整体的教学效果。因此，我们要重视体育教学目标的导向性作用，注意教学目标与教学活动的合理性和一致性，充分发挥教学目标的导向性作用。

2. 系统性

体育教学目标体现了体育教学的统筹思想，需要考虑的因素是多方面的，比如，有技能目标、认知目标、能力目标、思想目标、方法目标等，各个目标实现的节奏和深度是有所差异的，但是不可否认的是其中每一个要素对于体育教学的目标的实现都是至关重要的。同时，各个方面的目标有着不同的作用，它们之间有着重要的内在联系，而且是相得益彰、相互补充的，是学生得以全面发展的有效保证。

3. 层次性

体育教学目标的层次性，可以从以下两个方面来理解：

第一，目标实现的阶段是由简单到复杂，在阶段和难度上是分层次的。较低层次是较高层次的分解和精细化体现，也是实现较高层次的前提和基础，较高层次的目标是较低层次发展的必然趋势。

第二，体育教学贯穿于学校教育的整个过程当中，在不同的学段，体育教学对象的年龄、身体发育水平、认知能力等各方面的条件也会发生变化。因此不同学段的教学目标也要相应地做一定的变化和调整。

4. 灵活性

为了获得更好的教学效果，体育教学目标不能是一成不变的，而是要根据学校、班级、运动项目的不同而灵活制定，在目的上要具有针对性，在内容和方法的运用上要具有一定的弹性，从而有助于体育教学目标的实现。

具有弹性的体育教学目标产生的积极意义主要体现在：从教师的角度而言，为体育教师提供一个较为宽松的教学环境，可以根据学生的实际情况，根据教学过程中无法预料的情况适当地调整教学目标，以达到更为理想的教学效果；从学生的角度而言，这有利于发挥他们在体育学习过程中的主观能动性，从而促进他们身心健康的全面发展。

5. 共同性

根据教学活动的两大主体要素，体育教学目标所涉及的对象主要有具有主导作用的教师以及处于主体地位的学生。体育教学目标是教师和学生共同合作、共同努力才能够实现的。除此以外，体育教学目标设置的关键点在于解决教师的教学活动会对学生的思维和行为引起什么样的变化、如何引起这些变化的、怎样使教学活动引起学生产生积极有效的行为变化等问题。这是体育教学目标设置的根本性意义。

(三) 高校体育教学目标与体育学科功能、价值的关系

运动项目自身的特性决定了体育学科的功能，因此，体育学科的多功能性与运动项目的本质特征密不可分。体育学科的课程内容来源于各种不同的文化现象，常见的有源于宗教仪式的体育活动、源于军事训练的体育活动、源于民间运动的体育活动、源于医学康复的体育运动、源于养生保健的体育活动等。体育学科课程内容来源的广泛性，为体育学科的多功能性奠定了坚实的基础。

体育学科因具有不同的功能与特点而呈现出多元化的价值取向。虽然体育学科的功能与体育学科的价值之间存在着紧密的关系，但是体育学科的价值并不等同于体育学科的功能。尽管体育学科的功能相比其他学科来说显得比较稳定，然而由于历史环境、地域文化等方面的差异，体育学科的各种功能都被不同程度地发挥出来，这从侧面上增加了体育学科的内在价值。因此，当体育学科的作用得不到重视时，体育学科的价值也将无法得到体现。比如，在战争时期，人们普遍重视体育运动的军事作用和军事价值，这使得体育学科成为实施军事教育的重要形式；在和平时期，人们普遍追求运动的乐趣，重视体育娱乐价值的实现，"全民健身、乐享生活"成为体育活动的主题。

当然，追求体育学科的功能与价值，在多数情况下，并不要求面面俱到。注重并强调体育教学的特定功能，实现体育教学目标，才是明确体育学科功能与价值的关键。

体育教学目标与体育学科的功能和价值，并不具有同一性。首先，体育学科的功能是体育学科固有的客观属性，不因外部环境的改变而发生变化；其次，体育学科的价值是体育学科外在的主观属性，当评判标准发生变化时，衡量体育学科价值的指标也将发生改变；最后，体育教学目标是依据体育学科功能对体育学科进行价值引导之后所产生的行为方面的影响，体育学科的功能与价值共同影响体育教学目标的实现。与内在的、客观的功能相比，外在的、主观的价值在影响教学目标实现方面发挥的作用不容低估。体育学科的功能与价值相匹配，才能实现体育教学的目标。社会、历史发展时期不同，体育学科的价值取向也不尽相同，体育教学目标的设定也会随之发生变化。

二、高校体育教学目标的制定

（一）高校体育教学目标制定的依据

1. 对学生的研究

教育是一种改变人行为方式的过程。这个"行为"是从广义上说的，既包括外显的行动，又包括思维和感情。从这个角度去认识体育教育时，体育课程目标就是体育教育寻求学生发生各种行为变化的代表。要使体育教育达到预定的目标，就必须对学生进行各方面的研究。

2. 对社会的研究

在对社会需求的研究中，不能忽略了社会文化传承的需要，文化的传承，不只是静态的积累、保留和传递，应是选择性地吸取传统文化的精髓，转化为适合时代的有用东西，并加以传扬下去。

教育是个人发展和社会生活延续的手段，就其本质而言，它是实现人类文化传承的主要手段。体育教育是体育文化传承的主要手段，而体育教育的核心就是体育课程。体育本身就是一个文化现象，学习体育就是接受体育文化熏陶。体育作为国际社会文化由来已久，现代体育的产生和发展与近代文化发展史息息相关。近代史表明，现代体育的兴起是社会文明进步的标志，它是随着19世纪工业革命的发展而发展起来的，它又对文明社会的进步起着多方面的促进作用。通过体育课程，就能够接触并认识一定的社会文化。体育课程又是体育文化传承的媒介，学习体育就为传承体育文化提供了捷径。学习体育的一大好处就是能为学习者打开认识体育文化的大门。此外，体育课程本身的功能特点，有利于体育文化的传承。现代体育课程的结构丰富了体育文化的传承途径选择，体育的显露课程、隐蔽课程、社会课程与体育文化的传承互为补充。

3. 对学科的研究

体育课程本身的功能是制定课程目标的重要信息，是课程内部特性的反映，是课程实施过程中，学生所要获得的体育教育的结果。截至目前，体育课程的功能是多元化的，包括健身功能、教育功能、启智功能、情感发展功能、群育功能、美育功能、娱乐功能和竞技功能等。这些功能让我们重新审视传统的、单一生物观的体育课程目标，要求我们全方位、多角度来认识体育课程，形成生物的、教育的、心理的、社会的多维学校体育目标体系。

由此可见，只有依据这些功能所确定的体育课程目标，才能充分发挥学校体育的作用，使目标的实现成为可能。

（二）高校体育教学目标制定的方向

伴随着时代的发展、社会的进步，体育显然不可停步不前，应当做到不断地前进，加强与学生家庭、社会之间的联系，以此来共同地促进学生身心素养的全面发展。增强学生家长对于体育的重视程度，通过"家校"联合的形式对学生体育锻炼进行监督与支持，以此来使学生能够真正地坚持进行体育锻炼，真正树立起终身体育意识。要想真正地实现体育目标，则需要体育与健康课程、课外体育锻炼、课余体育训练和课余体育竞赛的帮助，不同的实践方式除了拥有各自的特点以及目标之外，还需要完成属于自己的任务，只有这样才能够真正地实现体育目标。

第一，体育与健康课程。我国的体育与健康课程是中小学、大学阶段的必修课，它不仅是体育的基本组织形式，更是实现体育目标的一个重要途径，担负着对学校中的全体学生普及体育、促进身体健康发展等多种责任。每个教育阶段均需要根据中华人民共和国教育部下达的相关文件，按照文件中的具体要求来展开体育教学，配备专业的体育教师以及相应的运动场地、运动器材、运动设备，以此来有效地为体育课程的顺利开展提供相应的保障。该课程不仅是学生接受体育教育的众多途径中最为正规、最为有效的，更是主要培养学生终身体育意识的教育途径。

目前，我国主要通过开展体育教学，开设体育与健康课程，帮助学生进一步掌握体育与健康的理论知识，以及各种体育项目的基础技能；帮助学生在进行体育学习的过程中感受到来自运动的愉悦，感受体育给自己带来的挑战；帮助学生学会尊重与友爱、协作与竞争、遵守规范道德的社会生存法则。因此，体育与健康课程便是能够实现体育目标的途径之一。

第二，课外体育锻炼。课外体育锻炼所指的是课前、课间和课后在校园内部所开展的以健身、娱乐为核心目的的学生体育活动，课外体育不仅组织形式十分灵活多变，而且其所涉及的内容也极其丰富多彩，既是体育工作重要的组成部分，也是达成体育目的的一个主要途径。

第三，课余体育训练。课余体育训练是借助于课余时间，针对部分学生所开展的体育教育活动，其不仅贯彻了体育中的"普及"与"提升"原则，还承载着我国体育文化，更是达成学校目标的主要途径。

第四，课余体育竞赛。课余体育竞赛作为体育活动的重要组成部分，也是达成体育目标的主要途径。通过开展课余体育竞赛，不仅能够有效地增加学生的身体素质以及对于体育的学习兴趣，还能够培养学生的道德品质以及人格魅力。

（三）高校体育教学目标制定的关键

1. 认清体育地位，贯彻国家的教育方针

在开展体育的过程中要始终贯彻国家所制定的教育方针，坚持以培养适应时代发展的优秀人才为核心，摒弃落后的教育观念以及体育观念，真正地从应试教育进入素质教育，真正地弄清楚体育在学生教育中所处的地位，建立一个全新的体育工作格局，与其他学科一起为培养适应时代发展的优秀人才而努力。

2. 以系统的观点开展体育工作

以系统的观点来展开体育工作，从而有效地促进学生身心的全面发展。体育工作作为一项系统工程，体育目标的实现与体育系统的整体效益之间存在着密切关系。

体育要充分结合健康教育、卫生保健工作，始终将"健康第一"作为核心思想，促进全体学生身心健康的不断提升。一方面，传授学生相应的体育知识、体育技能以及体育技术；另一方面，教授学生如何才能科学地进行身体锻炼，以及如何才能养成健康的生活方式。健康教育与卫生保健教育的结合，能够更好地促进学生身心健康的进一步发展。

坚持课内与课外相结合。体育与健康课程是实现体育目标众多途径中的其中一个，要想真正地实现体育目标，仅凭课内的教学显然是不够的。所以，课内教学与课外教学要紧密结合起来，确保学生每天能够拥有1小时左右的体育锻炼时间。只有这样，学生才能够借助于课外的体育活动来对体育课堂中所学习到的体育知识、体育技能等进行巩固，逐渐养成进行体育锻炼的习惯。

坚持普及与提高相结合。体育工作要坚持以普及体育为核心，在进行体育普及的过程中不断提高自己，在提高的指导之下进行普及。学校开展课外体育活动、课余体育训练和体育竞赛的前提条件便是体育教学质量是否得到提升、体育课程是否顺利开设。我们要积极地构建"家庭、学校、社会"三位一体的体育发展模式,保证每一名学生每天都能够有1小时左右的锻炼时间,以此来有效地促进学生身心的全面发展。

3. 加强师资队伍建设,促进体育工作的顺利开展

体育教师不仅是体育工作的主要实施者和组织者,还是体育政策的最终执行者,是体育工作能否顺利开展的关键所在。因此,体育改革是否成功与体育教师有着直接联系。我国目前存在着体育师资力量不足的客观实际,因此,体育工作的当务之急便是加强体育师资队伍建设。以各地区的实际情况为基础,各级管理部门按照国家相关法律法规以及相应的文件,合理搭配充足的体育教师,改善体育教师的整体结构,加强体育教师培训工作,有效提升师资队伍的整体质量。不断提升体育教育专业整体的教学质量,以实际需要为基础,培养出既拥有高尚道德品质,又拥有深厚的专业知识以及扎实的运动技能的优秀教育人才。通过改善体育教师待遇,来有效地激发体育教师教学的积极性,从而促进体育工作的顺利开展。

4. 加强体育科研工作,推动体育改革的进度

我国体育正值发展与变革的关键阶段,不仅体育课程遇到了众多问题,体育教师对于教学工作也产生了全新的困惑,要想全面解决这些难题,则需要进一步增强体育的科研工作。所有负责体育工作的工作人员均要以体育改革为基础,辅助以相应的教育理论,展开进一步的教学工作以及科学研究工作,吸取改革过程中所遇到的经验教训,揭示体育的发展规律,摸索我国所特有的体育发展道路。

5. 处理好继承与发展、学习与创新的关系

体育改革的当务之急便是建立起具有中国特色的体育。我国的体育应当担负起宣扬与继承中华优秀传统体育文化以及传统体育项目的重担。基于此,我国体育工作应当以社会发展和教育发展所具有的阶段性特点为基础,借鉴我国体育的发展过程,对我国优秀的体育文化进行继承和宣扬,使其能够为全新地拥有中国特色体育的建设贡献自己的力量。

6. 增加经费投入,提供必要的物质基础

只有当体育工作拥有了一定的物质基础时才能够顺利地进行。但是,体育经费短缺的问题依旧是阻碍大多数体育进步的重要因素。要想真正解决这一问题,则需要做好以下方面的工作:

首先，各地区政府部门需要进一步加大对于教育的投资力度。

其次，各级政府要做到统筹协调、因地制宜，加大体育设施的建设力度。城市和社区在进行体育设施规划的过程中要充分满足青少年的锻炼需求，公共体育设施的建设过程中要充分考虑到学生能否使用，学校内部的体育场馆则应当在课余时间以及节假日面向学生全面开放。

最后，充分调动社会单位、团体以及家庭对于体育的积极性，开通多种渠道，通过多元化的投入方式，有效地对学校的体育场地、器材、设施等进行改善。同时，各学校应当始终贯彻因陋就简、因地制宜的基本原则，根据该地区的地形、地貌以及传统文化，积极开发当地的体育课程资源，以此确保体育工作正常进行。

第二节　高校体育教学的内容及资源开发

一、体育教学内容的认知

体育课程内容是指为实现体育课程目标而选用的体育卫生保健基本知识和各种运动动作，以及各种社会体育信息等。体育课程目标一旦表述明确，就会为体育课程内容的选择和组织确定了一个基本方向。

（一）体育教学内容的分类

由于体育运动具有健身、掌握运动技能、娱乐身心及培养道德品质等作用，因此，体育运动也可以根据体育运动的这些基本功能进行分类，而现在比较常见和比较成熟的有"以健身功能分类""以身体基本活动能力分类""以运动乐趣分类"三种分类方法。

第一，以健身功能进行分类的方法。由于不同运动的形式、运动量特点都有很大不同，因此用运动对人体的促进作用（健身性）来进行分类也是可行的，或者说是按身体素质的形成来进行分类的方法。这种分类的特点是：它在发展学生身体方面分类明确，有利于完成锻炼学生的任务和帮助学生认识各运动项目与身体发展之间的关系。

第二，以形成身体基本活动能力功能进行分类的方法。这也是在实践中可以见到的一种分类方式，它是以人的走、跑、跳、投、攀、爬、钻、涉水等动作技能来划分体育教学内容的。这种分类方法的优点是有利于发展学生的各种动作和活动能力，不受成型的运动项目的限制；有利于组合教材，特别适合对低年级阶段的教学内容进行分类。

第三，以娱乐性进行分类。因为体育运动的大部分是从娱乐项目发展而来的，因此可依据娱乐性来进行比较妥当的分类，这种分类的特点是有利于把握运动中的乐趣特点，有利于根据这些特点（也是学生心理的追求）进行教材化，使学生愉快地学习，并有效地掌握娱乐的方法，领会运动的特点。

（二）体育教学内容的目标与要求

体育教学的内容不断变化发展，其取材于人类发展的不同时期，其共同的特点是对现代文明的发展具有积极的促进作用，适合于现代人才培养的需求。对于体育教学内容的选择，不同地域的群体之间存在较大的差异性，这主要是由于地理环境、气候条件、群众的意识形态以及政治经济发展水平都有一定的差异性。

1. 传统性体育教学内容的目标与要求

传统性体育教学是指用传统的教育方法对学生展开体育运动技能的训练，现代体育教学内容虽然由于时代的发展在不断地更新迭代，但是传统的体育教学内容在整个体育教学体系中仍然占据着不可替代的重要地位。

（1）体育保健。体育保健是一种具有保健强身作用的、以肢体活动为主要形式的自我锻炼方法，作用是锻炼身体、增强体质。

体育保健教学内容的目标：教授学生以卫生保健知识和原理，让学生通过这些体育知识，对体育教学有一个初步的认识，如体育对于人的成长的主要作用，体育学习对于个人、社会和国家所具有的重要意义，从而促使学生自主、自觉地加入到体育锻炼的队伍中来。

体育保健教学内容的要求：体育保健教学内容的设定要以社会发展状况以及学生的实际需求为依据，并且要与后续的体育运动教学实践相呼应。

（2）田径运动。田径运动是指由走、跑、跳跃、投掷等运动项目，以及由部分项目组成的全能运动项目的总称。

田径运动教学内容的目标：通过田径运动的教学，让学生了解田径运动的基础理论和一般规律，掌握各项运动的基本原理和方法，这对于田径运动技能的掌握，以及促进学生认识到田径运动对于身体素质的提升的积极作用都具有重要的意义。

田径运动教学内容的要求：在过去的体育教学中，常常从竞技类运动的角度来分析和理解田径教学内容的作用，在新时代背景下，要求田径教学的内容设计和组织都应当从运动项目的特点、学生的适应度、文化背景、技能的适用范围等角度来综合考虑，而不是一味地追求运动项目的竞技水平。同时田径运动的运动负荷一般都比较大，如果超出学生的负荷量则可能对其身体带来危害，因此，为了保证教学和训练的效果，应当依据学生的体质和年龄特征对教学内容进行灵活调整。

（3）体操运动。作为一种重要的体育运动项目，体操运动在青少年群体当中具有极高的热度，其主要原因是操作简便，并且在维持人体各方面的平衡和健美的体型等方面具有非常好的效果。

体操运动教学内容的目标：让学生充分了解体操运动文化，充分理解体操运动对健康的促进作用；让学生掌握体操运动的基本原理和方法，帮助学生可以在日常生活的场景中通过体操运动来达到健身效果；引导学生在体操运动中的安全意识，尽量避免在锻炼过程中发生意外伤害。

体操运动教学内容的要求：体操对于提高身体的灵活性和协调性有着显著的作用，而且还能给学生带来较为理想的情感体验。这对于体操运动教学提出了一定的要求：从身体体质健康、心理健康和竞技要求等方面来设定体操运动的教学内容；注意教学内容的编制要具有一定的层次性，保障学生的运动能力和水平处于稳步上升的状态；注意因材施教，根据学生不同的身体条件开展区别化的专项训练，保证从整体上提高体育教学的质量。

（4）球类运动。球类运动品种较多，主要包括篮球、足球、排球、乒乓球、网球等。球类运动的总体特点是充满了激情与动感活力，而且也具有较高的竞技性和趣味性，所以在青少年群体中很受欢迎。

球类运动教学内容的目标：让学生了解球类运动的基础知识和比赛规则，让学生掌握球类运动的一些基本比赛技能技巧。

球类运动教学内容的要求：球类运动一般都是群体性运动，因为参与人数较多，赛场上形势瞬息万变，应对的技巧也比较复杂，所以在安排球类教学的时候就不能总是只针对某一项技能进行教学而忽视了技能在具体竞赛情境中的应用，只有如此才能更好地掌握球类运动的基本特征和核心要点；注意教学内容的安排顺序要符合比赛实践的需求，在注重技能训练的同时要着重培养学生的团队协作精神。

（5）韵律运动。韵律运动是现代女性特别喜爱的一种运动形式。它与其他形式的运动最大的差别就在于将舞蹈、音乐和运动完美地结合在一起，同时也糅合了舞蹈、健美操和健身体操的元素特征。

韵律运动教学内容的目标：使学生了解韵律运动的基本特征，培养学生的节奏感和审美情趣，了解韵律运动的基本原则并掌握相关的技巧和套路；通过韵律运动的学习，帮助学生形成健康的心理状态，塑造优美的身体姿态。

韵律运动教学内容的要求：由于韵律运动具有较强的表现性，同时还可以塑造形体，对于服装、音乐的选择都有较高的要求，所以韵律运动的教学要着重培养学生的艺术素养和审美意识；通过韵律运动的学习要学会试着自己创编新的运动内容，因此要求学生要善于观察勤于思考，注意自身创新能力的培养。

（6）民族传统体育。民族传统体育是一个民族发展历程的写照，集中体现出一个民族的精神和文化。

民族传统体育教学内容的目标：通过向学生讲解传统体育的历史渊源，促使学生对我国传统体育有更为深刻的了解，激发学生的民族自信感；向学生教授一些传统体育的技能和技巧，既可以强身健体，同时也是对中华民族传统体育文化的一种传承和发扬。

民族传统体育教学内容的要求：在编排传统体育教学内容的过程中，要注意与现代性思维和生活方式相结合；在传承体育文化精髓的基础上，也要考虑传统体育在现代生活中的实际运用。

2. 新兴体育教学内容的目标与要求

当今社会，科技高速发展，人们生活水平大幅度提升，相应地，各国政治、经济、文化等方面也获得了许多新的发展，由此，许多体育运动项目逐渐兴起并迅速流行开来。

（1）乡土体育。乡土体育是体育教育改革和创新的产物，是由体育教学研究者开发出来的、具有健身效能和浓厚的乡土特质的一种新兴的体育课程资源。

乡土体育运动的教学目标：让学生对我国乃至全世界的一些民间体育和民俗风情产生一定的了解，并选择性地学习和掌握一些具有地方特色的乡土体育项目知识和技能，以让更多的人了解和学习具有当地体育特色的体育运动项目和体育文化。

乡土体育教学内容的要求：由于乡土体育主要来源于民间，因此要特别注意其内容的文化传播功能，另外，还要注意锻炼的安全性和规范性，吸取其中的具有文化意义和健身价值的积极因素，摒弃其中的负面因素和不正确的练习方式。

（2）体适能与身体锻炼。为了促进学生的身心健康协调发展，部分具有较强针对性的锻炼方式被引进到现代体育教学课堂。这些锻炼内容与运动项目的技能学习和训练完美结合，对于提升学生的身体素质和运动技能起到更好的促进作用。

体适能与身体锻炼教学内容的目标：通过体适能教学，让学生掌握运动和身体锻炼的基本原则和方法，以此来帮助他们更加有效地提升运动技能。

体适能与身体锻炼教学内容的要求：由于学习的对象是学生，因此教学要依据学生的年龄特征和体质情况，遵循青少年体育运动的基本规律，教学内容的选择要注意符合国家的相关规定，并注意锻炼的科学性和时效性。

（3）新兴体育运动。随着时代的发展，社会上不断有新兴体育运动流行起来，包括极限飞盘运动、定向运动等。

新兴体育教学内容的教育目标：通过新兴体育运动的教学，使学生理解流行体育的文化内核，激发学生对于体育运动的兴趣，并引导学生理解体育运动对健康生活的意义，从而提升体育教学的效果。

新兴体育运动教学内容的要求：基于新兴体育具有较强的流行性印记，因此在选择这类体育运动项目作为教学内容时需要考虑其是否符合体育教学的基本要求；尤其要注意教学内容的安全性、文化性和实践性，避免出现任何不利于学生身心健康的内容。

（4）巩固和应用类课程教学内容。巩固和应用类课程教学内容的目标：促进学生将体育运动的基础知识打造得更加坚实和牢固，并能够积极与体育运动实践相结合，使得学生在体育运动技能方面获得较大的提升。

巩固和应用类课程的基本教学内容的要求：将巩固应用类课程与具体的体育教学内容相结合，并且要对课程内容进行一定广度和深度上的拓展，同时提示学生该类课程主要的应用范围有哪些；鼓励学生在对已学习的知识进行应用的时候充分发挥自己的发散性思维，积极创新。

二、体育教学内容的选择

（一）体育教学内容选择的依据

第一，体育课程目标。体育课程目标是体育教学活动的导向，因此体育教师对此要始终注意。体育教师可以根据体育课程目标去寻找或筛选合适的教学内容。体育课程目标为体育教学内容提供了先导和方向，所以体育课程目标的设立必须经过专家的多方考证，以确保其科学性和可行性。体育科学化目标具有多元化特征，体育教学内容丰富多样，许多运动项目从某种程度上来说具有一定的共性，因此要对体育教学内容的主要特征进行分析，从中选出最具有代表性和最能够体现体育教学目标的教学内容。

第二，客观教学规律。选择体育教学内容要注意体育教学的一般规律。也就是说，在各个教学阶段都要选择与学生的年龄、身心发展规律、技能习得规律以及他们的认知发展规律相匹配的体育教学内容。要获得良好的体育教学的效果离不开学生的主动参与和积极的配合。对于青少年而言，他们对于自己认为有趣味的、喜欢的内容他们的学习热情就会高涨，同时学习的效率也会倍增。因此，体育教师要充分利用这一点，在体育教学过程中加强师生互动，添加一些趣味性的元素，同时还要注意采用多样化的方式进行教学。

第三，学生发展需要。体育教育教学的对象是学生，高校体育教育的意义在于促进学生身体素质和认知能力都能够获得相应的发展。体育教学内容要考虑学生的喜好和适应性，将学生的切实需求与趣味性相结合，构建学生乐于接受的体育教学内容体系，促使学生获得全方位的提升。

第四，社会发展需要。学生的个体发展是存在于一定社会环境下的，不可能脱离社会发展的实际状况而独立存在。因此，在选择体育教学内容时，除了考虑学生在健康方面的需求外，社会发展的客观需求也应当被纳入考虑的范围。社会是实现个人价值的归属地，体育教学内容必须有鲜明的时代特征，能够清楚地洞悉社会对于人才有着什么样的变化和要求，并由此来设立与之相适应的体育教学内容，以此提高学生的社会适应性。

（二）体育教学内容选择的要求

要从丰富多彩的众多体育活动中挑选出某些体育活动来作为体育教学内容，这一过程是相当烦琐复杂的。必须像制定体育教学目标一样依据一定原则来选择体育教学内容。体育教学内容的选择是直接为体育教学服务的，是直接关系到体育教学目标和课程目标实现的关键性要素。因此，体育教学内容的选择必须符合以下要求：

第一，以"健康第一"为指导思想。体育教学内容是实现体育教学目标的载体，我们在选择体育教学内容时，应该分析所选择和设计的体育教学内容是否体现了"健康第一"的指导思想。只要是有利于促进学生健康的体育教学内容，无论是现代竞技体育项目、新兴体育活动内容或直接来源于生活的体育游戏、体育活动，都可以成为高校体育新课程教学的教材内容。

第二，以体育教学目标实现为宗旨。体育教学是实现体育与健康课程目标的主要途径，在体育教学中，体育教学内容是实现体育教学目标的载体。在体育教学实践中，对体育教学内容的选择正确与否会直接影响到体育教学的效果。因此，我们在选择体育教学内容时要充分考虑到其对体育教学目标的载体作用，体育教学目标是我们选择和设计体育教学内容的依据。

第三，结合不同地区和学校的实际教学条件。体育教学内容需要借助于一定的体育场地、器材和设备才能有效发挥其载体作用。在体育教学中，要根据所在地区、学校的实际条件，设计和选择体育教学内容。

（三）体育教学内容选择的原则

1. 教育性原则

（1）从教育育人的基本观点出发，来对体育教学内容进行合理性选择。

（2）将"健康第一"的思想落实到体育课程目标的设定和体育教学内容的选择上。

（3）重视体育教学内容能否体现积极向上的、优秀的文化内涵，促使学生在获得体育运动技能提升的同时也可以在文化修养方面有所提升。

（4）考虑体育教学内容产生的效益是否具有均衡性和全面性。这里主要是指体育教育要促进学生的智力水平、思想品德、身体素质等方面的全面发展，同时还要注意不同年龄和不同学段的学生在身心发展特征以及学生之间的差异性特征，这些因素都是在体育教学选择中需要予以关注的问题。

（5）体育教学内容选择还要与社会发展和普遍性的价值观相一致，这将有利于学生的社会性和时代性的发展。

2. 科学性原则

科学性在体育教学内容的选择上可以说是举足轻重的，其主要对体育教学质量的好坏以及学生发展的快慢产生不可估量的影响。

（1）体育教学内容必须是对学生身心发展都是有积极作用的。如果一项体育教学内容对于学生的思想层面有消极的影响，那么即使它具有再大的健身价值我们也不能选入体育教学内容当中来，而是应当予以摒弃。

（2）促进学生提升科学锻炼的意识，并对于科学锻炼的原理和方法形成一定的认识，有了健身意识和科学锻炼的理论指导，学生就会自觉参与体育锻炼活动。

（3）注意选择设计科学的体育教学内容。

（4）体育教学内容应当与学校的师资以及硬件设施等客观条件相结合。

3. 趣味性原则

兴趣是提高学习效率的好帮手。可以说，兴趣是影响学生体育学习效果的一个主导性因素，因此体育教学应当突出其趣味性。

（1）有的体育教学内容过于强调竞技水平，应予以摒弃或对其进行改良。不可否认，多数竞技项目具有较高的健身价值和教育价值，但是如果一味地用培养专业运动员的方法来进行日常的体育教学会使得学生对体育课产生抵触的情绪。

（2）引导学生在体育运动上多样化、方向性的兴趣培养，为学生的多元化发展提供必要的条件。

（3）充分考虑到学生的喜好，尽量选择有一定趣味性的教学内容，同时还要积极选用游戏、竞赛、角色互换等多样化的课堂内容来开展教学。

4. 实效性原则

实效性，就是指教学内容的选择要简单易行，能够带来较大的实际教学效果，同时又能够促进学生的身心健康的发展。符合这些条件和要求的体育教学内容可以说都是比较好的选择范围。

（1）实效性就是要讲究实际的教学效果，杜绝照本宣科的本本主义。在体育教学改革的进程中，这些问题被提出，重视体育教学的实践，着重提升体育教学的实际效果。

（2）体育教学的娱乐性与实效性。体育运动项目种类繁多，五花八门。体育教师在进行甄选时要注意时下流行什么、哪些项目的是受学生所喜爱的、是否具有较高的健身价值和教育意义，只有注意这些问题才能够将体育教学与学生的生活联系起来，有效促使学生形成正确的、积极健康的体育观。

5. 适应性原则

适应性原则的根本要点就是要求体育教学内容的选择要因地制宜。这主要是由于不同地区的地理环境、气候条件、文化习俗、经济发展水平存在一定差异性，他们对于体育教学的目标内容的诉求也就不一样，因此需要予以区别对待，以实现体育教学效果的最优化。

6. 民族性与世界性相结合原则

体育教学内容要体现出民族性特征，也要与世界体育发展理念和发展趋势完美对接，这样才能把我国建设成为名副其实的体育强国。我们要以客观的眼光看待任何事物，既不能对自己民族性的东西盲目自信，也不能对舶来品盲目崇拜，当今体育教学的宗旨是既要跟上世界发展的潮流又要体现民族的特色。因此，我们要在保持传统体育的优秀部分的同时，还要选择性吸收和借鉴国外的体育教育课程中的精华部分，形成具有时代性、先进性和中华民族特色的体育教学内容。

（四）体育教学内容选择的过程

第一，评估体育素材的价值。体育教师平常要多关注社会生活和社会的发展与变化，以便根据社会的生产和科技、教育等方面的发展对人产生的影响以及人们在体育健身方面的需求较之过去发生哪些变化来选择体育教学内容。然后以此为基础对已有的体育素材进行具体的分析。需要注意的是，选择合适的体育教学内容需要进行科学的论证，要看其能否促进学生的身心健康发展、能否激励学生自主进行体育锻炼、能否提升学生的思想意识水平。然后依据所选的内容展开体育教学活动。

第二，整合运动项目与练习。体育运动项目种类繁多，运动的形式也各式各样，因此它们对于人体产生的作用也是有所差异的。基于以上事实，在实际的体育教学中，在选择体育教学内容时，就必须在高校体育教学目标的基础之上，分析出各个体育运动项目对学生身体机能和体能素质具有哪些方面的促进作用，以及其中的原理是什么，然后将不同侧重点和功能的体育运动项目进行整合、筛选、加工，最后形成可以全面促进学生身体素质增强的体育教学内容。

第三，选择体育运动项目。事实上，大部分的体育运动项目都适于作为高校体育教学的素材。关键问题就在于对这些体育内容素材怎么进行选择和组合，以在有限的时间和空间内发挥出体育教学最大的效能。高校体育教学内容可选择的范围巨大，要在教学的时间段完成全部项目的学习是不现实的，因此就需要在符合学校客观条件和学生全面发展需求的基础上选择那些具有代表性的体育健身项目作为教学的重点内容。

第四，分析所选内容的可行性。选好体育教学内容，就需要对地理环境、气候特征、体育场馆、器材设施等做一个全面的考察，并分析体育教学内容的可行性，制定出与之对应的弹性实施政策，以便在可控的范围内完成体育教学内容，保证教学质量。

三、体育教学内容的编排与改造

（一）体育教学内容的编排

1. 体育教学内容的编排方式

（1）螺旋式编排方式。螺旋式的体育教学内容是指让某项运动项目的教学在不同的年龄或学段重复出现、逐步提高的一种设置方法。

（2）直线式编排方式。直线式教学内容的编排就是说某一项体育运动项目的理论学习和身体练习是一过性的、不间断的，一旦学过之后就不会再重复。

2. 体育教学内容的编排要领

在体育教学内容的编排过程中，要高度重视不同的体育运动和身体练习的特征。在对体育教学的内容进行编排时，由于不同的运动项目的运动技能的具体要求各不一样，因此需要对其进行学习、巩固并做一定的改进，在领会其运动练习的核心特征的基础上能够灵活运用。

（二）体育教学内容的改造

按照体育教学内容选择的依据和要求选好体育教学内容后，每一位体育教师都需要根据学校的实际状况（体育场地器材设施、教师专业特长和经验、学生的特点和基础等）对所选内容展开加工和处理工作。体育教学内容的改造与加工是体育教学内容实施中的必要环节，在此结合体育教学内容的特性，介绍几种体育教学内容加工与改造的基本思路。

1. 游戏化改造

游戏是伴随着愉快体验的趣味性较强的体力和智力活动。体育教学内容中许多体能和"走、跑、跳、体操、游泳"等运动技能练习由于形式相对比较单一，教学中容易让学生感到枯燥乏味，因此有必要对这类体育教学内容进行游戏化的改造与加工，使之符合学生的心理、生理以及生长发育特点。经游戏化改造和加工后的体育教学内容的特点是将相对比较单调的、枯燥的运动和身体练习方法用"情节"串联成游戏，或强化练习的竞争、对抗、协同、角色、情境等游戏要素，让学生在愉快的游戏中学习体育教学内容。这种游戏性体育教学内容有利于提高学习者的学习兴趣，往往起到事半功倍的练习效果。

2. 简化运动项目改造

简化运动项目改造主要从技术结构、竞赛规则、场地器材规格等方面对原来的运动项目进行改造，使其成为一种新的体育教学内容。这种改造和加工是为了适应学生身心发展特点和体育教学的需要，简化运动技术结构，降低运动难度，调整场地器材的规格，修改运动项目竞赛规则，使其成为大学生的"最近发展区"，以便达到既能增进健康、增强体质，又能减轻学生运动时的生理负荷和心理负荷的目的。改造和加工时应根据体育教学目标的具体要求，遵循体育的规律、运动项目的特点和健身的原理，在充分分析、研究运动项目的健身性、教师的操控性和学生的接受性的基础上，采用走、跑、跳、投等人体基本活动形式，从运动的轨迹、方向、距离、顺序、节奏、负荷、难度、场地、器材、规则等诸多方面，对运动项目进行加工和改造，使其成为有实际应用价值的体育教学内容。

3. 融合体育文化改造

体育文化是在增加健康、提高人民生活质量的过程中创造和形成的一切物质和精神财富的总和。融合体育文化改造和加工体育教学内容是从体育运动中汲取一切物质文明和精神文明要素，并在教学中让学生体验运动文化的情调和氛围。例如，以中华传统体育文化为主题让学生了解我国民间的舞龙、舞狮、划龙舟、气功、武术等传统体育文化的历史渊源与文化底蕴，同时加强传统体育文化中的修身养性的基本理论，为学生的养身、健身、强身提供理论指导。结合学生的兴趣爱好，指导学生欣赏竞技运动比赛，提高体育素养和审美能力，并获取体育文化知识。这种融合体育文化的体育教学内容有利于学生对体育文化的体验和理解。

4. 结合"三生"教育改造

"三生"教育属于学校德育范畴，其中包括"生命教育""生活教育""生存教育"。其中"生活教育"和"生存教育"对后现代主义语境中的体育课程体系提出了新的期望与要求。结合"三生"教育合理有效加工和改造体育教学内容，可以使教学内容更加野外化、冒险化、实用化、生活化。这种教学内容的改造更贴近学生的现实生活和实际经验，既能传授较为实用的运动技能（野外生存技能、游泳等），又能调动学生的直接学习动机，激发学习兴趣。例如，跑酷运动、游泳、野外生存等实用性较强的运动项目，在改造和加工为体育教学内容时，有效地激发学生的参与热情和运动兴趣，使体育教学内容尽可能地向学生的生活、社会和大自然方向延伸。但在加工体育教学内容时需要注意的是不能盲目地赶时髦、求新鲜、求刺激，而是要根据学校的条件、教师的能力和学生的喜好选择适当的运动项目。

5. 以运动处方形式改造

健身运动处方的操作程序是：健康诊断—体力测定—确定健身目标—选择运动项目—制定运动处方—实际锻炼，其主要目的是运用运动处方的理论指导学生的身体锻炼。以运动处方的形式加以改造和加工的体育教学内容主要是运用运动人体科学的有关原理，将运动的强度、重复次数、速率等因素加以组合排列。因此，运用运动处方形式加工和改造的体育教学内容更适合教学对象的实际，有利于个性化地实施学生的身体锻炼，改善健康状态。

四、体育教学内容的资源开发

（一）体育教学内容资源开发的意义

体育教学的教学内容是否科学，即教学内容资源的开发将会对整个教学过程起到十分重要的作用，具体表现如下：

1. 丰富体育教学内容体系

开放体育教学内容，不仅可以最大限度地保障体育教学目标有效实现，还能确保学生在未来可实现全面发展，成为对家庭、对社会、对国家有用的人。体育教学内容在传统体育教学思想以及体育教学大纲的影响下，内容所涵盖的范围会相对较为狭窄，忽略了地方、民族和学校本身所具有的特色。针对体育课程内容进行开发，可进一步丰富、拓展以及充实体育教学内容体系，促进体育文化的传播、创新和发展。

2. 促进体育教师的专业发展

事实上，开发体育教学内容的实际过程，也是体育教师不断提高专业素质、积累教学经验的过程。因此，开发的程度和范围势必会对体育教师的专业化程度以及水平产生重要甚至是决定性影响。在教育改革持续深化的今天，素质教育倡导要注意学生的全面成长，体育教学深受其影响，在内容的安排上更加丰富全面。因此，当下对于体育教学内容的开发，大胆克服传统体育教学的不足，以期可以将体育教师的能量更加充分地释放出来，使其真正成为体育教学的主导者。

3. 培养学生的创新能力

对于现有体育教学内容进行大胆地开发、开拓以及延伸是一件极其有益的事情，除了可以极大程度地培养起学生参与体育运动以及学习的兴趣之外，还可以使学生能够以极强的热情投身到这一过程中。此外，丰富并开放的体育教学内容还可以以其极其丰富的形式以及手段为学生打造一个良好的学习环境以及氛围，使学生们在感官、信息以及思维上获得刺激，可在自身主观意愿地驱动下积极主动地投身于体育学习之中，逐步理解以及掌握体育知识、技能的同时，培养其吃苦耐劳、不畏艰辛的高尚情操。另外，体育教学内容的开发，还可以改变学生的学习方式，引导学生主动探索体育理论以及技能中蕴含的奥秘。学校学生作为教学主体，其对于体育的兴趣、知识、技能等均是构成体育教学内容资源开发的有机部分。倘若学生能够以主动、合作、探究的方式走进体育课堂，这将对学生的实践以及创新能力的培养十分有益。

（二）体育教学内容资源开发的要求

体育教师在开展体育教学这一过程中，要注意充分考虑周围的影响因素，将其充分利用起来，引导学生在参与以及学习的过程中逐渐提高探索、发现、分析、解决问题等方面的能力。体育教师一定要注意分清主次，在仅有成本的基础上将那些利于学生实现终身发展的体育教学内容放在首位。体育教师要以一种开放的态度不断学习新知，以此来不断充实自己，提高对于信息的吸收、加工、储存、应用能力，进而敢于对于体育教学的弊端进行创新。通过对于体育教学内容进行开发，不仅可以培养学生的运动兴趣并提升学生运动能力，还能使学生身心健康发展，增强其社会适应能力，进而为我国社会培养出高素质人才。

（三）体育教学内容资源开发的途径

1. 改造竞技体育项目

目前，竞技体育项目已经成为体育教学内容的主要组成部分之一。因此，开发或者革新体育教学内容，势必要对竞技体育项目加以改造，这点是重要且必要的。有一点值得注意的是，以体育教师为代表的相关人员在改造项目时，一定要基于体育教学所具有的独特特点、规律、目标与要求来进行，使其可以和体育教学内容的特点以及条件一致，成为被学生喜欢的体育项目。

2. 改造新兴运动项目

在国际大众体育持续发展的今天，更多国际流行的新兴体育项目涌入我国，这些项目不仅新颖，而且趣味十足，可以很好地满足学生的实际需求。由此可见，学校引进这些新型运动项目，势必会给体育教学注入新的活力，使体育教学在内容上花样更多，更加能够满足学生的实际需求。因为新兴运动项目通常对于运动设施或场地条件具有特别的要求，甚至还有一些项目在安全方面存在一定隐患。针对这类新兴项目，体育教师在改造时一定要基于学校自身的场地、器材，以及现代新兴运动项目设定的运动规则、原理及方法，来对于教学内容进行设计，使其可以和体育教学融合，更加具有实用性以及实效性。

3. 改造民族传统体育项目

不管是蒙古族的摔跤、藏族的歌舞，还是维吾尔族的舞蹈等，均是我国历史积累下来的宝贵财富，深受广大人民群众欢迎。在开发体育教学内容时，体育教师应该积极主动地对于上述这些民族传统项目进行改良。

第三节　高校体育教学的环境及创新优化

人受不同环境的影响会产生不同的行为特征，其中环境可分为社会环境和自然环境，其改变可对个体乃至社会造成极为重要的影响。在体育教学活动中，外在环境同样可以作为评价教学质量的指标，影响体育教学活动的顺利开展和学生的身心健康培养。具体来讲，教学环境是一个由多种因素构成的复杂系统，对于促进教育计划的制订、教学活动的展开以及教学结果的评价具有重要意义。教学环境联系着学科的形成和发展。作为教学环境中的一种，体育教育的环境能够对学生产生潜移默化的影响，良好的环境是学生有效学习的重要前提。学生不仅可以从中提高体育学习能力，教师也能够利用其顺利组织体育教学活动。另外，体育教学环境因其多样性、复杂性的特点，其实施需要综合考虑实际情况和客观条件。

与其他学科不同，体育学科的上课场所具有多变性。对于体育教学活动来讲，学生和教师参与的场所大多在室外，且需要具备一定的体育教学器材和教学硬件设施，并且要求学生积极参加到活动中去。体育教学环境具体可以分为人文层面环境、物质层面环境。对于人文层面环境来讲，体育教师需要充分考虑学生的实际条件开展教学活动，充分提高学生的参与主动性和积极性，并且给予人文关怀，合理安排教学时间、教学内容；对于物质层面环境来讲，体育教师应为学生营造良好的体育学习场所，并且为学生提供比较完善的体育教学设备和器械，促进学生身心健康发展。

一、高校体育教学环境的一般特性

体育运动教学环境是体育教学活动的实施基础。从体育教学实践活动中可以看出，体育教学环境相较于其他学科开展的教学活动来说，具有更加复杂、明显且直接的影响。营造良好的体育教学环境是师生展开、参与教学活动的起点，也是师生参与其中最重要的依托，如果失去这一依托，体育教学活动很难顺利展开，师生的教与学也就失去了立足点。另外，因其影响因素的多样性和范围的广阔性，体育教学环境的重要性常被人忽略，从而影响体育教学活动实施的最终效果。但实际上，体育运动教学环境在体育教学活动进程中起着维持、推进作用，这主要是由体育教学环境的复杂性、动态性决定的。

第一，体育运动教学环境具有复杂性。对于体育教学环境来讲，其影响因素更为复杂和多样，这也是与其他学科教学环境之间的区别之一。详细来讲，体育教学活动的场地大多选择在室外或是较为开阔的空间，而极少选择在室内，因此，这种特征也就决定了体育教学环境的复杂特性。除此之外，体育教学环境还可能受到校风、班风、体育文化氛围、师生关系、气候条件以及地理条件等外部条件因素的影响，因此环境更加复杂。

第二，体育运动教学环境拥有动态性。体育教学环境具有开放性和多维度的特点。通常来说，体育教学环境的设计是根据学校实际情况和提前制定的教学目标，专门组织开展的一种全天候动态变化环境，并且最后再进行选择、论证和加工处理，将环境影响因素统一整合，从而使其能够系统、集中地发挥作用，促进体育教学活动顺利开展。

二、高校体育教学环境的设计原则

如果想要为学生的学习营造非常良好的氛围，那么需要注重体育教学环境的有关设计，进行教学环境设计的时候要考虑体育这门学科的具体特点，然后进行科学的设计。与此同时，也要考虑体育学生的心理需要、学习需要。具体来讲，应该遵照以下五个方面的原则：

（一）整体化和协调化原则

教学环境会直接影响到最终的体育教学效果，如果教学环境设计不同，那么学生对教学的积极性也会不同。教学环境设计过程当中涉及很多方面，所以，要求教学环境在设计的时候要从整体出发，注重不同方面之间的协调，也就是要按照整体化原则以及协调化原则展开相应的设计工作。教学环境的设计主体是学校和教师，因此要求学校和教师认真分析、综合规划，将不同的影响因素充分考虑到设计过程当中，保证不同的因素可以协调发挥作用，最终设计出优秀的教学环境。

综合考虑教学环境设计的影响因素，需要学校的领导以及教师观察学生的学习及生活。例如，应该注意师生之间和谐关系的构建，应该注重学生之间的友好相处，应该注意班级教室的构造安排、班级风气的打造等。这些因素都是环境设计需要考虑的因素，而且不同的因素之间应该协调处理，与此同时，环境设计还要参考教育目标、美学目标。

（二）教育化原则

设计教学环境主要的目的是让学生有更好的学习环境，间接促进教学质量教学效果的提升。因此，环境设计一定要体现出教育化原则，"高校是一个特殊的环境体，高校的作用在于净化身心启迪知识"。学校是学生学习的重要场所，教学环境设计过程中也主要把学校当作设计对象，教学设计应该针对有限的学校教学环境进行科学规划，要综合地利用校园的各个空间，让学生能够感受到校园传递出的浓厚的学习氛围。与此同时，好的教学环境设计能够潜移默化地影响学生，有利于构建更好的校园氛围、校园环境，有利于激发学生学习的主动性。

（三）自然化原则

教学是针对学生开展的，所以，在进行环境设计时要综合考虑学生的心理活动及个性特点。当今，学生和自然环境的距离越来越大，学生在了解自然环境的时候也是从书本的角度进行的，为了让学生和大自然更亲近，在教学环境设计过程当中应该加入更多和自然景观有关的要素，这可以让学生和大自然之间的关系更为亲近，而且大自然要素的增加也有利于学生身心健康发展，可以让学生更好地释放学习压力、精神压力，可以让学生始终在相对轻松的心理环境下学习。

（四）人性化原则

教学环境设计是为了让学生有更好的学习效果、学习成绩，因此，设计环境的时候要关注学生的需求，考虑学生的想法，也就是要体现人性化原则，要让环境设计符合学生的学习需要，让学生认为学习环境是舒适的。

（五）社区化原则

学生生活在校园当中，校园也是一个巨大的集体，校园存在于社区系统当中，因此社区环境也会影响学校环境的发展，甚至会影响学校发展。而且，当下非常提倡学校教育和社区教育之间的联合，非常注重学校社区环境的一体化发展，所以，学校在设置教学设施的时候也要考虑周围的社区环境，而且学校不仅仅为学生服务，它还会为社区居民提供一些服务。因此，在进行教学环境设计的时候要考虑到社区学校环境，要考虑社区居民的要求，而社区环境也应该在设计的时候考虑学校学生的需求，二者要相互理解相互考虑，通过联合的方式促进彼此共同发展。

三、高校体育教学环境的管理

体育教学环境虽然也包含一些自然环境因素，但大多是人工环境，这就意味着要考虑人工产出、人工投入两者之间的关系。深入探究体育教学环境的管理问题，有利于实现人工产出与投入之间的最优化。

对于体育教学环境管理来讲，它是为了使体育教学环境的效应得到充分发挥，深入挖掘其潜能，使得体育教学活动能够顺利进行。体育教学环境管理主要是对体育教学环境进行协调、控制、指挥、组织以及计划等相关措施的总称。

（一）体育教学环境管理的特征

体育教学环境管理根据主客体、性质以及内容的不同，具有双重性、多质性和综合性等特征。

1. 双重性

对于体育教学环境管理的双重性特征来讲，其主要指代社会属性、自然属性，这种特征主要是由管理的基本特点衍生出来的。体育教学环境管理的社会属性特征主要是因为体育教学活动是一种人类教学活动，其存在、发展密切关系社会的进步与发展。另外，社会环境中存在的社会科学技术、社会经济以及社会制度等方面同样也对体育教学环境管理发挥重要作用。对于体育教学环境管理的自然属性来讲，体育教学环境管理指的是管理的合理性和科学性，即体育教学环境管理需要遵守客观规律，按照体育教学活动的实际情况开展管理工作。当然，由于体育教学环境管理客体的多质性特征，其具体实施情况还需要参考其他学科的经验、方法和理论。

2. 多质性

对于体育教学环境管理的多质性来讲，其主要是指管理对象（客体）的多质性。体育教学环境的影响因素具有复杂性和多样性，各因素之间相互作用、互相制约，且这些组成因素的性质也有所区别。另外，体育教学环境管理的客体、主体并非具有唯一性，而是具有多层异质性的特点，这也意味着管理所涉及的方法、任务，以及主体和客体之间的关系也是不相同的。

3. 综合性

对于体育教学环境来讲，其自身的特点便带有综合性，包含多种要素，因此，体育教学环境管理自然而然也便具有综合性的特点。在体育教学环境管理的各要素中，它们具有多层次和多结构的特征，使得体育教学环境管理不仅仅属于管理学学科的范围，还属于体育教学理论、系统理论、信息理论以及控制理论的范围，有利于指导体育教学环境管理工作顺利进行。

（二）体育教学环境管理的职能

一般来说，体育教学环境具体有计划、组织、指挥、控制与协调五大管理职能。

1. 计划职能

体育教学环境管理具有计划职能。计划的主体是人，是指由计划者在行动、工作实施前所制定的具体工作步骤或内容，并确立科学、合理的目标方针，选择综合性较高的行动方案，作出行动决策。计划的制订不仅对行动目标实现的方式作出规定，还对管理目标的各种指标作出了反映。

在体育教学环境管理过程中，计划职能可以体现在三个方面：体育教师可以根据预先制订的教学计划科学、合理地利用体育教学环境；体育教师可以根据教学目标，综合考虑局部改造、整体发展两者之间的关系，从而确保体育教学活动的纵向、横向开展可以统筹兼顾；体育教师还可以根据体育学科整体发展步骤、职能部门的相关法规和政策以及教学单位等情况，制定科学合理的实施方案和具体目标，实现长期目标、短期目标的有机结合。

2. 组织职能

体育教学环境管理具有组织职能，即将体育教学环境管理要素结合成一个整体。其实现主要包括两个方面：首先，在应根据体育教学活动所制定的目标，合理组织和运用财力、物力，确保为体育教学营造良好的体育教学环境，促进教学活动顺利开展；其次，体育教学环境的深入探索需要建立科学、合理的管理机制，明确各管理机构、管理职位的基本职责，确保体育教学环境管理系统综合有效。

3. 指挥职能

体育教学环境管理具有指挥职能。这种职能主要是根据体育教学目标，运用体育教学环境的功能，将各组织、各管理机构的任务综合联系起来，从而集中成为体育教学的有效整体。体育教学环境中各种影响要素的结合主要是为教学目标所服务的，并且对体育教学具有调控和指挥功能，从而更好地开展体育教学活动。

4. 控制职能

体育教学环境管理具有控制职能。在体育教学活动中，难免会出现各种问题和偏差，这就需要根据其控制职能，积极采取干预措施，使得其与预先制定的体育教学目标保持一致，确保体育教学目标顺利实现。

5. 协调职能

体育教学环境管理具有协调职能。这种职能主要是为了保持体育教学环境本身所具有的优势、功能，最后保证教学目标能够顺利完成。体育教学环境管理涉及多个职能部门，因此各部门间的有效协调可以营造出良好、合理的体育教学环境。除此之外，体育教学环境管理的协调功能还可在具体实施过程中发挥作用，协调学生并协同教学，共同完成体育教学目标。

四、高校体育教学环境的自我调控

自我调控学习指的是学生基于想要获得成功学习的前提对自己的学习目标、学习内容进行主观掌控的一种学习策略，通过自我调控学习，学生可以更好地控制学习进程，更好地监督学习任务的完成情况。分析自我调控学习的本质，其实可以发现它是要求学生自我监督自己的学习，自己对自己的学习进行调节和控制。

（一）体育教学环境调控的角度

体育教学环境涉及很多的构成要素，体育教学环境的整体系统会影响教学效果的好坏。在真正的体育教学过程当中，为了让体育教学环境发挥积极作用，助推体育教学效果的提升，体育教学需要调控环境，进行调控的时候需要从多个方面多个角度入手。具体来讲，体育教学调控角度有以下三个方面：

1. 体育教学环境中布局的整体性

体育教学环境涉及物质构成因素和心理构成因素，既涉及有形的构成因素也涉及无形因素，因此需要对这些因素进行调控，进行调控的时候要有全局观念，要从整体角度出发去协调，这样才能真正发挥出教学环境具有的积极作用。所以，在进行教学环境把控的时候最先注重的是整体布局，综合考虑体育教学过程当中的场馆建设、设施配置、环境绿化、器材设置、人际关系、氛围建设、工作因素，然后结合学生需求去细致协调不同的因素，让最后的教学环境整体布局符合学生需要，符合心理学基本原则要求、教育学要求以及美学要求。在这样的整体把控、科学协调之下，教学环境一定能够发挥积极作用，培养出符合体育发展要求的学生。

2. 体育教学环境中特征的突出性

环境对人的行为产生的影响是巨大的，环境有多重属性、诸多特性，不同特性产生的影响也是存在差异的，如果要在体育教学过程当中强调体育教学环境的调控，那么需要突出某些明显的体育教学环境特征，这样环境产生的影响力会更大，师生的行为也会受到更大力量的影响，发生更加积极的变化。

例如，体育馆、训练室或者是体育图书资料室的入口处可以悬挂一面镜子，这样可以提醒师生时刻注意自己的仪容、仪表，时刻约束自身的行为，在体育馆的走廊门口或者场馆内部比较明显的地方可以悬挂名人名言或者体育格言、体育标语，这样可以激发学生对体育教学活动的兴趣，拓宽学生的体育视野，可以让学生更加主动地参与到体育活动当中。在体育教学环境调控的过程中发挥环境建设当中强势因素的积极作用需要灵活地参考实际体育活动的具体情况，不能将这一原理生搬硬套地应用在体育活动当中，如果不结合实际情况具体分析，那么这一方法是很难真正发挥作用的，体育教学环境调控也难以获得理想的效果。

3. 体育教学环境中师生的主体性

对于教学环境的调控来讲，教师具有的作用是至关重要的。教师本身就是教育者，负责的就是体育教学过程的调控，所以，应该在环境调控方面发挥积极作用。但是，只强调教师的作用是不够的，还应该发挥环境调控当中学生的主体作用，学生是体育学习的真正主人，也是体育教学当中的重要参与者，教师创造良好的体育教学环境也是为了让学生更好地参与体育活动，获得更好的学习效果。如果学生能够积极参与体育教学环境调控，那么学生会把自己当成体育学习的真正主人，自觉维护体育设施，自觉遵守教学秩序，约束自己的行为。所以，教师需要激发学生参与教学环境调控的积极性、主动性，让他们感受到自己在教学环境调控当中的责任和义务，这样教师建设出来的体育教学环境才能真正得到长久稳定的维护，也只有这样建设出来的体育教学环境才能慢慢地优化、慢慢地完善，变得越来越和谐、越来越优美。体育教学需要在开放的环境当中开展，它受到来自教学环境的影响也更为直接、更为明显，在当下社会，学校进行体育改革的时候需要重点关注教学环境的改革，因为教学环境能够直接体现一个学校在体育方面的教育特色。除此之外，教学环境的良好建设也有助于体育教学的持续开展。

(二)体育自我调控学习的策略

自我调控学习有自己的反馈回路,它能够不断地进行信息的反馈、学习的调整。学生需要先为自己的体育学习设定目标,然后选择学习策略去完成目标,在完成目标的过程当中,还要经常检查目标的具体完成情况。如果学生的行为和目标完成始终是一致的,那么学生只需要继续前进即可,不需要对学习策略作出改变。但是,如果学生发现学习行为和目标是不一致的,那么学生必须改变自己的学习策略,反省自己学习过程中出现了哪些问题,然后使用新的策略向学习目标前进。自我调控学习的课堂教学情境如果想要获得成功,那么需要考虑以下教学因素的影响:

第一,在课程刚刚开始的时候就把自我调控学习能力的提升当作教学的主要目的之一。在设计教学情境的时候让教学情境有利于学生自我调控学习的开展,有助于学生形成新的认知策略、新的自我管理策略。例如,可以在学习过程当中忽略学习成绩的影响,积极鼓励学生参与课堂讨论,让学生自主选择认为对自己学习有帮助的学习内容、适合他的学习方式。

第二,建立一个新的教学方法评估体系。评估体系应该同时涉及学生的自我评价以及学生之间的相互评价,教师要先向学生介绍什么是自我评价、什么是相互评价以及评价遵循哪些标准,然后在课堂当中开展评价活动,让学生按照标准去客观地分析自我表现,客观评价其他学生的学习表现。

第三,让学生学会学习规划以及学习资源管理,让学生掌握向他人获取学习帮助的方法,这样可以让学生减少学习过程当中的失败,更容易获取学习的成功。自我调控学习不是说让学生自主、独立地开展一切学习活动,而是要求学生如果遇到了比较复杂的问题,要积极向老师或者同学寻求帮助,也可以获取其他形式的帮助,比如说可以获取网络帮助、参考资料的帮助等。

第四,教学单元应该为学生留出展示自我调控学习成果、学习过程的机会。例如,可以先让学生对案例当中的自我调控策略进行分析探索,然后教师再提供标识。

第五,评价的本质是为了让学生始终朝着目标前进,是为了让学生的学习质量得到保障。通过学习成绩去评价学生只是一种评价方式,并不是评价的目的。例如,教师在评价学生自我调控学习策略运用的时候,应该针对学生的运用过程给予相应的结果反馈,而不是为学生提供一个具体的分数,教师应该通过详细的内容反馈指出学生学习策略有哪些优点和缺点。

第六，注意不同学生之间存在的差异，通过评价的方式有针对性地激发学生的个人潜能，让学生可以更好地理解自我学习方法，掌握自我调控学习策略，教师需要综合使用诊断评价方法以及编码方法。

总地来看，自我调控学习非常强调学生的自我意志，它也需要学生付出精力和时间，而且，学生要相信自我调控学习的方式可以提高自己的学习效果，学生要有主体意识，要真正把自己当成自己学习的主人。这样学生才能对自己的学习负责，才能在自我调控学习过程当中不断地检查自己的学习行为和学习目标是否相符，也只有在这样的意识下学生才可能主动地制订学习计划，主动地去监控自己的学习环节、学习过程，然后客观地对自我的学习结果作出评价。在这个过程当中，如果学生感受到了其他人的帮助或者教师的指导，那么学生会在接下来的自我调控学习过程当中为自己设置更高的目标。所以，教师在教授自我调控学习的时候，应该为学生创设有利于自我调控学习技能掌握、意识培养的教学情境。

自我调控学习需要综合使用元认知策略、情绪控制策略以及动机控制策略，这个过程是非常复杂的，涉及的心理活动是高层次的、高级别的。自我调控学习要求学生要设置学习目标、制订学习计划，并且选择适合的学习策略，监督学习过程，最终进行结果的评价，通过结果反馈去调节接下来的学习行为。可以说，每一个步骤都需要学生付出精力和时间，并具有顽强的意志、坚持不懈的精神。要想培养出有自我调控学习能力的学生，就需要教授给学生大量的学习策略，并且让学生了解在哪个时间使用哪个策略才是合适的。

五、高校体育教学环境的创新优化

（一）自然环境的优化

1. 自然环境对体育教学的影响

自然环境包含很多因素，比如，空气、阳光、水、树木、花朵、雷电、雨水、风雪等，这些自然因素都会影响体育活动的开展。例如，如果空气当中包含了很多灰尘烟雾，那么就会刺激人的鼻子、咽喉、眼睛，在这样的情况下就可能引发咽炎哮喘或者急性支气管炎。

基于此，教师应该保持空气的正常流通。如果运动场所是相对封闭的，而且室内环境温度相对较高，那么学生在运动过程中就可能感觉到非常疲劳，心跳加快，很难在体育运动当中坚持过长时间，这会导致学生对体育活动失去兴趣，不利于体育教学活动的开展。

学生在参与体育教学活动的时候会因为外在环境当中气压或者温度的变化而发生心理状态、生理状态的变化。通常情况下，体育教师会在10：00后开展体育教学。如果学生参与教学的时候运动环境温度是比较高的，感受到过于强烈的紫外线照射，那么学生就会感觉心跳和呼吸加快，而且会口干舌燥，没有办法将注意力始终放在比赛过程当中，很容易出现身体疲劳。如果学生的身体没有办法调整这样的发热变化，学生就可能会中暑，还有可能会出现热痉挛的现象。如果学生在参与运动教学活动的时候，环境温度很低，那么学生就会穿更加厚重的衣服参与运动，虽然达到了保暖的目的，但是对体育锻炼活动的开展有不好的影响，而且环境比较寒冷的情况下，肢体关节就会变得僵硬，关节很难展现出更好的弹性或者更好的延展性，这会使得学生身体疲劳且容易受伤。

除了温度会影响运动过程之外，气压也会影响运动过程。气压比较高，心脏承受的压力就比较大，集体活动的开展效率就会比较低。如果外在环境沙尘比较大、风比较大，那么也会刺激学生的喉咙，容易导致咳嗽或者咽喉痛。南方开展体育教学活动的时候也容易受到梅雨季节的不良影响。

如果在上述提到的环境当中开展体育运动，那么学生没有办法集中注意力，没有办法作出准确的判断，进而就会导致学生对体育学习的兴趣降低，不利于体育教学活动的开展。

2. 体育教学中自然环境的优化

一般情况下，如果所在的地理位置不同，那么面临的自然环境也会有所差异，自然环境对教学产生的影响也是不同的。学校可以积极利用自然环境的优势，以此来弥补自然环境当中的不足之处，进而为学生提供更好的教学环境。学校在对自身的自然环境进行分析和考量的过程当中，可以很快地找到自然环境具有的优势。例如，北方地区在冬季的时候有很大的降雪量，所以，可以更多地开展与冰雪有关的运动，山区学校周围的场地是非常多样化的，所以，可以为学生开设更多的越野活动或者登山活动，海边城市可以为学生开设更多的水上运动项目。

要想为学生提供更好的体育教学环境，学校就需要致力于构建室内体育场馆或者风雨操场，这样才能避免恶劣环境对体育教学活动的影响，不仅如此，还应该在场地周围建设更多的绿植草地，这样不仅可以让运动场地的空气质量得到明显的改善，还能为学生遮挡阳光，降低环境的噪声污染，而且这样绿色健康的环境也会让师生在教学活动时，身心更加愉悦。

体育教学过程当中可以选择的教学方法或者教学内容有很多，教师可以根据自然环境灵活地为学生选择适合的运动方式，教师选择具体活动的时候要避免学生活动的开展在极限环境当中进行，要注意培养学生对体育运动的兴趣。

（二）场地环境的优化

体育教学活动的开展离不开体育教学设施，体育教学环境的设计也需要考虑到教学设施。教学设施包括参与教学的教师、使用的运动器材、活动开展的操场或者体育场馆等，这些设施会直接影响教学活动，并且会影响到教学效果。不同的学生对于教学设施的外观特征会有不一样的想法或者感觉，例如，体育场馆内部的灯光设计、颜色设计、设置安排会影响学生的感官，也会影响到教学效果。

1. 合理布置教学设施

合理配置教学设施可以让学生的身体以及学生的心理得到更好的发展，也可以让教学取得更好的教学效果，也能让学生对体育运动投入更多的精力。例如，在进行体育活动的时候，学生会看到体育场地的各种器材，如果体育场地的环境非常整洁、非常干净，那么学生也会想要快点儿加入体育活动；但是，如果场地是比较杂乱的，而且设施是比较脏的，那么学生可能就会抗拒参与体育活动。

除此之外，在体育器材投入使用之后会产生一定的磨损或者是老化，有一些需要螺丝连接的体育器材也可能出现螺丝松动，这会对体育活动的开展产生一定的安全威胁，所以，需要注重运动设备的维护，要经常检查运动场地是否存在安全隐患。除此之外，还要对发现的老化器材或者磨损器材进行定期保养。只有教师做到了日常检查、日常维护，学生参与体育活动的安全才有保障。

2. 完善场地环境的其他条件

学校除了要提供更加优质的场地条件之外，还要考虑到场地当中的采光设置、照明设置以及声音设置。通常情况下，体育课的开展需要依赖室内场馆，所以，室内场馆的照明设计、采光设计或者声音设计都会影响到教学活动的效果，如果场馆内部光线比较暗，那么学生很难看到教育写在黑板上的体育知识，这会直接影响学生对知识的吸收和理解，进而会影响到体育学习的效果。如果场馆内部的光线非常强烈，那么就可能会导致反光现象的出现，这会导致学生运动过程当中视力受到影响，最终的教学效果也无法得到提升。

除此之外，场馆应该为学生提供安静的学习环境，避免噪声的影响，这样学生才能集中注意力，才能最大限度地避免噪声对其注意力集中产生的不良影响。如果学生的注意力频频没有办法集中，那么学生就容易产生运动疲劳，而且情绪波动也会更大，难以稳定地开展体育活动。如果是在室外开展体育活动，那么噪声的影响是一定存在的，学校应该选择其他方法为体育教学活动的场地提供更为安静的环境。

3. 搭建体育场地色调环境

体育教学环境的色调也会对教学结果产生一定的影响。一般情况下，色彩会影响到学生的心理状态或者情感状态。如果色彩是红色的或者深黄色，那么学生更容易处于激动状态，如果是绿色或者蓝色，学生可能会感觉很轻松。相比之下，暖色调更容易激发学生的兴趣。例如，在双杠运动当中学生更喜欢红色的双杠，而不喜欢木制的双杠。体育设施本身设定的颜色以及学生体育运动服装的颜色也会对教学效果产生影响，如果班级着装比较统一，那么班级学生在体育活动当中的凝聚力就比较强。

（三）人文环境的优化

体育教学过程当中涉及很多人文环境因素，接下来将针对其中比较重要的两个方面进行相关分析：

1. 体育教学组织环境

（1）组织环境的构成。这里的组织环境指的是学校风气、班级风气、学习风气，这样的组织环境直接影响体育教学活动的开展。分析组织环境的时候可以把学校看成社会组织群体，学校内部设置的班级属于次级群体，所有的群体都可以在学校这个大的社会组织当中展现自己的心理活动，展现自己的精神面貌。

体育组织环境的重要构成因素是班级规模，一个班级的规模大小会直接影响学生在体育活动当中的学习动力，也会直接影响到学生的体育学习成绩，体育教学效果也会受到直接影响。我国一直提倡小规模教学，在小规模教学当中教师负责的学生更少，每个学生获得的教师关注就更多，当师生之间的比例比较低的时候，教育水平更容易提升。

体育教学组织环境使用的队形编排方式是至关重要的，课堂当中师生之间使用的沟通方式、信息传递方式、教学内容、教学方式会受到来自队形编排方式的影响，也就是说，师生活动会受到队形编排方式的影响。

校风代表的是一个学校的精神风气，会从心理角度对学生产生作用、对教师产生作用，也就是说，它作用的发挥是隐性的。校风的产生是学校内部师生共同努力之后创作出来的集体性行为，需要学校当中的学生和教师以及其他人员共同努力，校风是看不见的、摸不到的，但它又通过环境的方式影响学生、作用于体育活动的开展。

班风指的是一个班级当中的成员在长期交流长期共同生活的情况下产生的能够代表整个班级的心理倾向。班风可以凝聚整个班级的力量，班级成员会把班级目标当作自己发展的任务，会为了班级目标的达成而不断努力。如果班风是优秀的、良好的，学生也会更愿意进行交流探讨，在优秀的班风的指导之下，学生可以形成正确的人生观，这样的班风也有助于学校或者班级开展各种各样的活动。通常情况下，良好的班风包括勤劳刻苦的学习精神、热爱劳动的奉献精神、关心同学乐于助人的团结精神、友爱精神等。

一个学校的体育教风会影响到学生体育能力的形成，也会影响到学生体育意识的建立。教师可以使用陶冶、启发、感化或者暗示这样的教育机制，让教风慢慢地引导学生形成良好的体育意识，慢慢地培养学生的体育能力。

集体舆论可以对一个学校学风的形成产生积极的引导作用，但是，如果集体当中存在不良风气，那么学生也会受到这种风气的影响，学习注意力不集中，学习意识难以形成，没有办法培养其对体育活动的积极性，这会导致体育教学效果降低，而且学生也很难在课后严格要求自己进行体育锻炼。

（2）体育组织环境的创设。班级规模会直接影响到整个班级当中学生的成绩，班级规模和成绩之间是反比例的关系。具体来讲，如果班级规模比较大，那么一般情况下一些学生的学习成绩就会比较差；如果班级规模比较小，那么一般情况下学生会有较好的学习成绩。除此之外，班级规模还会影响到学生创造力的培养、兴趣的激发、动机的养成，因此，想要从根本上保证学生的学习效率，就应该在一定程度上缩小班级规模。

灵活编排组合队形模式。在体育课堂教学过程当中，无论是教师还是学生，都会受到来自队列编排角度产生的影响。例如，在信息交流过程当中，队形编排会影响到体育教学信息交流的具体范围，也会影响到体育教学信息的交流方式。在室外体育课的时候，教师通常会使用横排队形，这可以让教师和学生面对面交流，也有利于教师向学生传递更多的体育教学知识、教学信息，这种信息传递模式是单向的。在此基础上还有双向的信息传递模式，这种模式虽然可以让师生之间很好地交流信息，但是，却会在一定程度上不利于学生之间的信息交流、信息沟通。

当下社会环境变化迅速，这个环境当中成长起来的学生成熟的速度明显加快，和之前的学生显现出了较大不同。学生之间的信息交流会对学生的学习成绩产生直接影响，当学生年龄越来越大时，信息之间的交流沟通对他们成绩的影响也越来越大，很多时候甚至连教师都没有办法避免这种影响或者降低这种影响。所以，要求教师综合分析学生的特点，然后根据学生的需要设计课堂队形，充分利用不同队形具有的不同优势来促进师生之间学生之间的交流沟通。例如，在纠正学生动作错误的时候可以使用 U 字形，这样课堂信息的传递方向就会更多，信息的传递范围也会随之变大，这无疑会提升课堂当中信息的传递效率。

如果校园内充满了温馨的气氛、文明的气氛、积极的气氛，那么学生的成长也会受到积极的、正向的影响，学生会养成良好的学习习惯，树立正确的价值观念。也就是说，建设出优良的校风之后，学生无论是成绩提升还是个人成长都会得到有效助益。在持续的校园氛围的影响下，师生的日常生活也会发生一定的改变，会形成更好的学习习惯、工作习惯。学校也可以通过良好的校园氛围的作用更好地进行校园建设，一个学校良好的体育校风除了影响师生的习惯之外，还能够影响他们的思想意识发展，更有利于学生自主锻炼，养成积极的正确的体育习惯。高校也针对体育举办了很多项目，当中既有个人项目也有团队项目，学校也进行了积极的宣传，引导学生多多参与这样的体育竞技活动。

环境在影响人的发展的时候是通过渗透的方式进行的，尤其是对人思想意识的影响是潜移默化的。当下体育教学创造出了优质的教学环境，在这样的环境当中，学生也受到了浸润，养成了优秀的学习习惯、行为习惯。在这样优秀的环境的影响下以及教师的引导之下，学生可以慢慢地改变之前养成的不正确的行为方式、生活方式，长此以往，学生的学习成绩也会有明显的提升，这就是群体的力量。例如，在学校组织的体育竞赛活动当中，有很多优秀的选手可以获得优异的成绩，这样的选手就可以带动其他的学生更好地参与体育活动，积极发挥带头作用。学生在学校良好的风气氛围的帮助下会更加积极努力地学习，这样的氛围也更有助于学生养成积极开朗的性格，不仅如此，体育竞技过程当中竞技的魅力也会吸引学生，会让学生在不断训练过程中提高自身的毅力，培养坚韧不拔的性格。

2. 体育教学心理环境

体育教学心理环境会影响到体育教学的成功与否，而且体育教学心理环境和其他影响因素具有的作用是一样的，所以，高校应该注重校园体育文化氛围建设，注重师生关系的和谐发展。

（1）学校体育文化。在社会经济水平不断提升、社会文明不断进步的情况下，文化得以形成，并且不断完善。文化代表一个民族的文明发展，校园体育文化也是一样的，它代表校园体育的发展。我国目前还处于快速发展时期，网络的快速普及生产力的快速提高都使得人们的生活发生了变化，人们的思想观念也发生了转变。在这样的情况下，文化也得到了迅速的发展，文化带来好处的同时也带来了一定的冲击，它对人们的生活产生了积极正面的影响，也产生了一些消极或者负面的影响。

高校想要改变校园体育文化环境，就要在学校内树立正确的体育思想意识，学校的所有领导、教师工作者也需要以身作则，发挥带头作用，引导学生养成正确的体育文化思想，摒弃那些不正确的负面的文化信息。校园体育文化本身是非常开放、包容的系统。例如，在国际体育比赛过程当中，如果选手能够取得非常优秀的成绩，那么体育教学也会受到积极的刺激，在体育竞技产生的积极影响之下，高校也开始注重学生体育素质的培养，在教学计划当中加入了和健身有关的课程让学生养成正确的体育思想意识，了解更多的体育知识、体育资讯，可以说这为校园体育文化优秀氛围的构建打下了坚实的基础。

（2）课堂气氛。体育课堂气氛也可以叫作体育心理气氛，它指的是学生在体育课堂当中反映出来的情绪，课堂气氛受到师生互动的影响，师生互动的情况会导致学生情感出现波动，情感变化也会影响最终的学习效果。虽然体育教学没有把心理气氛当作重要内容，但是，它却极大地影响了体育教学效果。

影响课堂气氛的因素比较多，比如，说师生之间的关系影响、课堂环境影响以及学生自身的情绪波动产生的影响等，这些因素共同作用之后就形成了体育课堂气氛。所以，想要构建出优秀的课堂气氛，那么体育教师和学生就要付出努力。气氛构造建过程中教师是主导，教师可以对课程知识的学习速度、知识的学习数量进行把控。教师应该从学生角度出发为学生构建适合他们的学习氛围，激发他们体育学习的主动性和积极性，然后以学生学习伙伴的方式引导学生、鼓励学生提出他们对课堂的不同想法，然后参考学生的反馈意见对接下来的体育教学计划进行调整。教师也应该设置自由讨论环节，尊重学生的意见表达，让学生自主进行结果的探讨，让学生感觉课堂学习是自由的。

除此之外，课堂也应该充满灵活性，教师应该鼓励学生积极发言、活跃发言，这样课堂气氛才会被调动，与此同时，教师要注意上课过程当中情绪的控制。情绪控制包括教师个人的情绪控制以及学生的情绪控制，只有情绪在合理的范围内波动，课堂气氛才能是和谐的、融洽的。教师对学生的信任和鼓励会让学生更有自信，让学生更相信教师，更积极地参与课堂活动。相反，如果教师没有获得学生的信任，经常打击学生，学生就会对教师产生抵触心理，不愿意参与教师的课堂，一旦学生产生了这样的心理，那么无论教师多么努力，多么富有激情，学生也不会受到感染，课堂气氛也不会被调动起来。

（3）人际关系。人际关系指的是师生关系、生生关系以及教师之间的人际关系等，这些复杂的人际关系共同作用就形成了体育教学人际环境，人际环境会影响到校园当中的师生，也就会进一步影响体育教学获得的教学效果。所以，体育教学需要注重人际关系的处理，处理好人际关系之后，师生都能以轻松愉悦的心情去参与教学，这样教学质量也能得到更好的保障。

学生之间的人际关系也会影响到体育教学工作的开展，不同的学生个体成长环境不同、兴趣爱好不同、知识水平不同，这些差异必然会导致他们之间的交往体现出一定的复杂性。

学生人际关系当中有一些是不太有利于学生学习的，比如，孤立生、矛盾生、人缘生、嫌弃生，这些人际关系会对学生的情感、学生的思想产生不良影响。在课堂当中，师生之间的交流对话都会对彼此的发展产生影响，师生之间的人际关系也在这样的交往对话当中不断地变化。

分析当下高校当中的人际关系可以发现，师生之间的人际关系是非常重要的一种，会对学生心理产生直接影响或者重要影响，基于这一关系的重要性，高校应该要求教师注重自身品德素质的提升，注重自身情绪的稳定，这样才能为教学营造出更良好的氛围，才能为教学效果的提升提供更好的保障。

第三章 高校体育教学的方法与模式

第一节 高校体育教学方法及其意义

一、高校体育教学方法的界定

教学方法指实现体育课程教学目标由师生共同完成的一切教学活动和教学方式的总和,它是由一系列行为组成的一个操作系统,具体包含了教师和学生两个层面的操作体系。可以从以下方面来对体育教学方法进行理解:

第一,体育教学方法是"教"与"学"的统一。好的体育教学方法是教与学的统一体,也就是说,教师和学生之间只有通过有效互动,形成沟通的桥梁,才能真正发挥出体育教学方法的作用和价值。我们可以从两个层面来理解体育教学内容和相关的体育教学活动:一是教师的"教",二是学生的"学"。教师作为教授知识的主体,其选用的教学方法和手段都是以学生为对象的,学生对于知识和技能的掌握及其理解能力的提升是教学活动开展的重要契机;对于学生而言,他们只需要紧跟教师的引导步伐,积极参与学习和互动的实践,与教师建立紧密的沟通和联系,以获得更大的进步。因此,只有将教与学切实贯穿于教学的整个过程,积极促进教师与学生之间的互动与交流,才能够真正实现体育教学任务和目标。

第二,体育教学方法是师生动作和行为的总和。体育教学方法的贯彻与实施需要师生之间的互动,互动又是通过语言、动作和行为来实现的,因此可以说,体育教学是师生的语言、动作和行为的综合体。具体而言,学生要掌握体育运动的理论知识或者是某种运动技能,必须经过体育教师的讲解、示范、纠正等动作的支持。在此基础之上,学生进行反复练习也是一种行为上的体现。

第三，体育教学方法的功能具有多样性。现代教育理念赋予了体育教学多样化和丰富化的功能。现代体育教学既关注运动技能的掌握、身体素质的提升，同时也更加强调学生素质的全面提升。

二、高校体育教学方法的层次系统

第一，教学策略。教学策略是教学方法的组合，是教师将多种手法和手段组合在一起进行教学的行为方式。体育教学策略的优劣主要体现在单元和课程的设计思路和方案设计上。例如，作为一种广义的教学方法，发现式教学法就主要是模型演示法、提问法、讨论法、归纳法等传统意义上的教学手段的有机组合。

第二，教学方法。在体育教学方法的层次系统中，教学方法处于"中位"，它与传统意义上的教学方法基本相同，是体育教师为达到一定的教学目标运用教学手法进行体育教学的行为与动作的总和，通过一种主要手法的运用来进行教学的行为方式。例如，提问法的具体方法就是为检验学生知识掌握情况，还可以激励学生积极参与课堂互动和对问题的思考。体育教学方法其实也是一门"技术"，通常应用某一教学步骤，而且会由于不同教师的教学风格的不同而呈现出不同的特征。

第三，教学手段。在体育教学方法层次中，处于教学手段"下位"的地位。它是传统意义上的教学方法的一部分，我们也可以将体育教学手段理解为一种"教学工具"，也就是说，在某一个具体的教学步骤中可能会采用各种教学手段来协助教学课程的顺利完成。

三、高校体育教学方法的重要意义

体育教学方法的重要性不仅产生于教学活动的进行过程中，而且在教学活动结束之后的一段时期内，教学方法为学生带来的影响也是极为深远的。因此，这是其他体育教学要素在功能上无法与之媲美的。

第一，促进良好体育教学氛围的营造。科学合理的体育教学方法使得学生对于体育学习的积极性以及参与体育活动的积极性都可以大幅度地提高；通过适当的科学化的体育教学方法，可以提升学生学习的专注程度，这对于形成良好的学习气氛也是非常有益的。另外，良好的学习氛围能够更好地带动学生一起投入体育学习，从而形成一种良性的循环，最终共同提高体育教学的质量。

第二，促进学生身心素质的全面发展。任何一种体育教学方法的产生必定会受到某种或某些科学思想或理论的熏陶与影响，因此可以说任何一种体育教学方法都具有一定的科学性与和合理性。基于此，要达到促进学生身心健康发展的目标，体育教师就需要对体育教学方法进行合理利用以及科学组合使用。如果采用的体育教学方法与教学内容或者与学生的实际情况、学校的教学设施等客观条件相背离的话，不仅不能促进学生的学习能力的提升，而且还有可能会给学生的综合发展带来阻碍。

第三，促进体育教学质量的提高。通过科学的体育教学方法，能够充分激发学生的学习兴趣与热情，充分发挥学生的学习主观能动性，这对于提高学生的学习效率和全面提升学生的体育教学质量具有积极的促进作用。

第二节 高校体育教学训练的具体方法

一、高校体育传统教法

（一）语言教学法

语言教学法是指教师通过语言方式来描述体育知识、文化、动作要领、技术构成、教学安排等一系列活动要点的方法，学生通过对教师的讲解，逐步掌握知识要点。

1. 讲解教学法

讲解教学法是指教师通过讲解来展开教学活动内容。讲解法一般用于体育理论的教学，讲解教学需要体育教师注意学生认知能力和所处的知识水平。如果讲解的深度和难度超出了学生认知能力的范围，让大部分学生感到难以理解，则说明教师阐释的方式或者选用的教学内容不适合学生。使用讲解法要注意以下要点：

（1）明确讲解的内容和目标，讲解的过程要突出讲解内容的重点和难点；讲解要有较强的目的性和针对性，也就是说，在讲解之前就已经预设好讲解将要达成什么样的目标，以便于在讲解过程中对课堂的整体方向有所把握。避免信马由缰、脱离主题地进行讲解，这样往往使学生无法理解教师的用意，浪费了课堂的宝贵时间，导致课堂效率过低。

（2）保证讲解内容的准确性。教师要有科学严谨的教学态度，高度重视讲解内容，尤其是对体育历史文化、专业术语的解释、技能方法的描述要准确到位。

（3）注意讲解的形式要简单明了、生动有趣。烦冗拖沓、枯燥乏味的内容容易让人产生厌倦的感受，因此，教师要善于利用图片、视频与语言讲解相互配合，同时采用多样化的表达方式，将知识点描绘得更加形象自然，加以肢体动作以加深学生对语言描述的理解。

（4）讲解要由表及里、易懂易学。对于同样的知识点，不同的教师进行教学的效果往往会产生一定的差异，产生这种差异性最主要的原因之一就在于教师引导学生进行理解的方式。优秀的、有经验的教师往往更善于通过对比、类比、递推、递进式提问等形式来启发学生的想象思维和主动思考，促进学生对于知识的敏感性，能够发现知识之间的内部联系，形成自我的认知能力和属于自己的知识体系，并且能够灵活地完成对知识要点的迁移。

（5）注重讲解的知识在逻辑上的先后顺序，以及它们之间的内在关联性，以便于学生能够更快地完成对知识的掌握并形成较为稳定的知识体系。

2. 口令与指示法

口令、指示的语言凝练，短促有力，在体育教学的实践中教师可以适当通过口令指示、教授学生一定的知识，这种方式尤其适用于体育教学中的动作教学。口令和指示法的应用有以下要求：

（1）发令的声音要清晰、洪亮。

（2）注意使用口令法和指示法的时机。

（3）注意口令和指示发出的语速和节奏，太快了学生跟不上，太慢了会削弱其力度和有效性。

（二）直观教学法

直观教学法是通过给予学生视觉感官以刺激来促使学生对体育知识产生深刻的了解，直观教学法的优势和特点是直接、生动、形象，因此产生的效果往往也更具有震撼力和持久性。体育教学中有以下几种常见的直观教学法：

1. 动作示范法

动作示范法指在体育教学中，教师通过对教学内容的动作示范，来帮助学生熟悉动作的结构和要领，同时对该技术动作有一个整体上的、比较形象化的了解。应用动作示范教学法应注意以下四点：

（1）明确示范目的。在示范之前，要明确示范的目的是什么，通过动作的展示，要使学生达到什么样的学习效果。进行动作示范之前，要指导示范的目的是什么，要展示什么。

（2）动作的示范要标准连贯。因为教师的演示就是学生学习和模仿的参考，所以教师的示范必须正确，否则一旦学生形成错误的动作习惯，会给其后续的学习带来许多麻烦与不便。

（3）注意要选择合适的示范位置和角度。这样做的主要目的是使所有的学生都能清晰地观察到动作示范，从而对技术动作产生一致性的、准确的理解和认识，为了实现该目标，教师可以选择从多个角度来进行多次示范等方法。

（4）示范应与讲解相结合。通过示范、讲解两种方式的配合，调动学生的听觉、视觉和触觉等多个感官的功能，使学生对于技术动作有更为深刻的理解和认识。

2. 多媒体教学法

媒体教学方法在现代体育教学中的运用越来越广泛，与传统的板书教学最大的区别和优势在于：多媒体教学可以形象生动地将教学内容展示出来，通过动画和视频演示、慢放和定格等操作，可以将每一个动作的每一个重点和细节进行精准地定位、展示和分析，从而使学生对动作技术有更加快速、清晰、深刻的认识，这是传统的肢体示范和口头讲解都无法实现的。需要强调的是，多媒体教学法的运用需要多媒体教学设备等硬件条件的支持，也需要教师具备多媒体操作技能作为软件方面的支持。

3. 教具与模型演示

利用教具和模型等实际物体来辅助体育的教育教学，使学生对于技术结构的理解更加简便和轻松。其中需要注意以下要点：

（1）根据教学内容的实际需要提前将教具和教学模型准备好。

（2）教具、模型的展示要全面到位。如果是对器材进行具体的介绍和讲解的时候，可以让学生近距离观察和体验。

（3）使用过程中要注意保护教具与模型，使用完要小心地收纳到指定的容器内，并放置到安全的地方以防损坏。

（三）完整教学法

完整教学法在体育教学中有着较为广泛的应用，其主要应用于教学实践课，重点强调体育教学过程中要完整地、不间断地对整个技术动作的过程进行展示，使学生产生对动作的整体概念和印象。完整教学法在体育教学中的应用有以下要点需要注意：

第一，完整展示要及时。在通过语言讲解之后，要尽快进入整体展示的阶段，保持学生在认知上的连贯性，在语言讲解和整体展示的连续的、双重作用下，促进学生对技术动作有一个正确的把握。

第二，前期的动作练习要适当降低难度。对于难度系数稍大的动作，教师可以先降低动作的难度和要求来引导学生完成完整的动作流程，然后逐渐增加难度，待学生比较熟悉动作流程之后，再按照标准动作的要求来完成整个动作的学习和练习。

第三，对动作的各个要素进行全面的解析，而不是仅仅局限于将动作连续地展示给学生看。这里的动作要素主要包括动作的发力点、支撑点、用力的方向、大小，以及所有影响动作标准的细节因素。

（四）游戏教学法

游戏教学法，指教师通过游戏娱乐的方式促使学生对体育知识要点的掌握。该教学方法应用比较广泛，可用于各个学习时期，尤其适合于低龄的学生。其最大的优势在于可以极大地调动学生的学习积极性。在进行游戏教学法的过程中需要注意以下几点：

第一，注意游戏的设计及其所涉及的行为方式、思维方式都应当与所教授的内容具有较高的相关性。

第二，游戏的设计和选择要注意学生的兴趣和偏好。

第三，在游戏开始之前，教师要讲清楚游戏的规则和目的是什么。注意游戏规则、目的的讲解。

第四，在开展游戏的时候，鼓励学生要尽力而为，队友之间要形成良好的合作。

第五，在游戏过程中，教师要扮演好"警察"的角色，对于犯规的学生要给予一定的惩罚。

第六，游戏结束后，体育教师要问问学生的感受，同时对学生的表现给予中肯全面的评价。

第七，在整个游戏教学的过程中，教师要提醒学生注意安全，提醒并禁止具有安全隐患的行为。

（五）分解教学法

分解教学法是与完整教学法相对的，更适合于高难度的运动项目。分解教学法的主要优势在于分步教学，将原本很复杂的动作变得更容易理解和模仿，从根本上降低了技术动作的难度。具体来说，分解教学法的应用需要注意以下几点：

第一，科学地选择技术动作分解的节点，不要破坏整个动作的连贯性。

第二，注意依次教学和加强衔接练习。对于分解后的各个部分要按照其先后顺序进行练习，之后还要将各个环节的衔接处结合到一起，并对此做专门的强化练习。

第三，将分解法和整体法结合运用，可以获得更好的教学效果。

（六）竞赛教学法

竞赛教学法就是通过组织各种比赛来促进体育教学的一种方法。竞赛教学法可以提升学生各方面的综合能力，是一种比较理想的训练方法和教学方法。具体来说，比赛可以增加学生运动技能的实践经历，使得那些高难度的动作和技战术不是纸上谈兵，同时还可以锻炼学生的团队协作能力，以及面对突发状况的心理调适能力和应对问题的能力。竞赛教学法是体育教学当中具有特殊优势的一种教学方法，对于提升学生的心理素质、竞技水平以及他们的身体素质都有着不可取代的重要作用。关于竞赛教学法，应用时需注意以下四点：

第一，具有明确的目标。一般是通过竞赛提升学生相关运动项目的技能水平，明确竞赛目的，通过足球运动竞赛切实提高学生的足球运动技能水平。

第二，合理分组。各个对抗队的人员实力要处于不相上下的水平，这样才能通过激烈的竞争获得共同的提高。

第三，客观评价。教师要密切关注学生在竞赛过程中的表现，既要从整体上把握，又要看细节的处理，只有做到这一点，才能给学生以最客观和中肯的评价，从而使学生能够清晰地意识到自身的优势和不足，促进他们获得进一步的提升。

第四，竞赛教学法的前提条件是学生对于运动项目有一定程度的理解，并且已经熟练掌握相关的技术动作，这样可以有效避免出现由于不熟练带来的运动伤害。

在这里，我们只列举了一部分的体育教学方法。对于每一位体育教师而言，不能仅限于某一种教学方法，而是应当不断地尝试和学习新的教学方法，并结合教学的实际情况科学、灵活地加以选择和组合。这样可以显著提高体育教学的质量。

二、高校体育传统学法

（一）自主学习法

自主学习法是指学生主动发现、分析、探索，独立自主地进行体育学习的方法，但这并不意味着学生可以完全脱离教师的指导，而是要在教师一定的引导下开展自主性学习活动。体育教师指导学生进行自主性的体育学习，应当注意以下方面：

第一，难度适当。由于是自主性学习，学习过程以学生自己思考与探索为主，这对于学生来说并不是一件轻而易举的事，因此教师要注意根据学生的年龄阶段、认知特点，为学生选择难度适当的学习内容，保证具有一定的挑战性，但又不至于无法完成。

第二，明确学习目标。教师要为学生的自主学习制定一个清晰的学习目标。通过这个学习目标，学生要清楚地知道自己要完成的任务是什么，通过自主学习学生需要解决哪些问题以及要达到什么样的水平。

第三，学生要参照学习目标，在学习过程中学会自我调控。对学习过程有一个整体的把握；学会积累各种学习方法，并思考学习方法与运用场景之间的联系；要有创新思维，在对具体情境进行较为客观了解的基础上将已有的知识进行迁移和组合，从而创造出专属于自己的新策略。

第四，教师要对学生的自主学习给予适当的辅助与引导。学生的自主性学习并不是放任不管的无组织的学习，相反，它更是一种有计划、有目标的学习过程，在这个过程当中，教师要关注学生的学习进度，如果出现不妥当的情况，学生的学习路径或思考方式与学习目标发生偏离就需要及时给予纠正。

（二）合作学习法

合作学习法就是指在学习的过程中强调合作的重要性，强调学生之间的相互帮助和配合。通过合理地划分工作任务和相应的责任，最终能够共同圆满地解决问题，达到教师所设定的学习目标，完成教师布置的学习任务。

第一，确立学习目标，通过该合作式学习预期要达成的效果是什么，要重点培养学生哪方面的能力。

第二，将全部的学生分成实力相当的小组，依据任务的特点，注意将不同性格、性别、特长的学生合理搭配，以促使学生之间取长补短。

第三，确定小组研究课题，引导学生合理地进行组内分工，并探讨如何提高整体的学习效率。

第四，完成小组学习任务。

第五，各个小组之间进行学习和交流，分享各自的经验和心得。通过交流和分享，各个小组可以相互学习，发现自身的优势和不足。

第六，教师关注、监督和评价学生学习的过程，并帮助学生一起做好学习的总结。

三、高校体育传统训练法

（一）重复训练法

重复训练法就是通过不断重复进行某一个训练内容来提高身体素质和运动技能的一种体育学习方法。重复训练法的核心和本质就是通过重复性的动作使得某一固定的运动性条件反射不断地得到加强，使得身体产生一种固定的适应机制，进而使学生实现对技术动作的掌握。

第一，同一动作的反复练习容易使学生产生枯燥和厌倦之感，因此教师要关注学生的情绪变化，并适当地加以调节。

第二，注意训练动作的规范性，同时还要注意训练的负荷。

第三，强调技术动作的正确练习，如果学生连续出现错误动作就应停止练习，防止错误强化。

第四，科学确立学生训练负荷、强度和频率，要依据运动项目的特征和学生的实际情况来设定。

（二）完整训练法

完整训练法就是指在整个训练过程中只完成某一个动作、某一套连贯动作或者某一个技术配合，最显著的特征是整个训练过程流畅自然、一气呵成。完整训练法的应用的注意要点如下：

第一，完整训练法适用于单一技术训练。

第二，如果是针对复杂的技能训练，就需要学生具有良好的基本技能基础。

第三，在战术配合的完整训练中，教师要在战术的节奏、关键环节的把握等方面做适当的指导。

（三）循环训练法

当训练内容较多的时候可以采用循环训练法。其具体操作就是将这些训练的项目先按照一定的原则进行排序，依次完成之后回到最初的任务开始训练，不断重复所有的训练内容。循环训练涉及不同的训练内容，因此在一定程度上可以调动学生对于体育学习的积极主动性。

循环训练法的运用要求如下：

第一，找出各个训练内容之间的内在逻辑和规律，合理安排它们之间的顺序。

第二，训练不能急功近利，而是要循序渐进。一般情况是先练一个循环，坚持训练两到三周再增加一个循环，让学生有一个适应的过程。

第三，注意一次训练不得超过 5 个循环。

（四）持续训练法

持续训练法就是无间断地、持续地进行某项身体练习的训练方法，其前提要求就是要保持一定的负荷、强度和运动的时间。

持续训练法根据训练持续时间来划分，可分为短时间持续训练法、中时间持续训练法、长时间持续训练法。

持续训练法的运用要求如下：

第一，持续训练法既可以用于单个技术动作，也可以用于组合性的技术动作。

第二，在训练开始前，应向学生介绍具体的训练内容及顺序安排，同时提醒需要注意的要点。

第三，在持续训练过程中，体育教师要提醒学生注意训练动作的质量，并对动作的质量作出具体的要求，这样才能使持续训练获得比较好的效果。

第三节　高校体育教学方法的创新与优化

一、高校体育教学方法的创新选择

（一）依据教学目标进行选择

依据教学目标、教学任务的不同，教学方法在选择上也会存在一定差异性。目前各个高校体育教师为体育教学选择教学方法的主要依据是体育教学目标。具体来说，体育教师在基于体育教学目标来选择体育教学方法时，需要注意如下事项：

第一，体育教师要基于体育教学的总目标，来选择体育教学方法，以此来确保不管是每次课的教学目标还是总体教学目标，最后都能实现。

第二，体育教师在选择教学方法时，要基于本次课的教学目标，来选择合适的教学媒体以及方法。

第三，体育教师在选择教学方法时，要注意对教学目标进行细化，据此来对教学方法加以确认，最终确保每一个小目标最终都能实现。例如，为了组织学生进一步巩固课堂所掌握的体育技能，体育教师可对应地采用练习法、比赛法等。

（二）依据教学内容进行选择

高校体育所涵盖的教学内容十分丰富多样，为确保学生全民掌握这些教学内容，学生需要据此来选择特定的教学方法，这样才能确保整个教学得以顺利进行，学生得以深入地掌握教学内容。在高校体育教育教学系统中主要有两个构成系统——教学内容、教学方法，二者之间存在十分紧密的联系。因此，教学方法在选择时一定要重视对教学内容的考虑。具体操作要求如下：

第一，体育教师在选择体育教学方法时，要重视教学方法的实用性，即保证其可以切实可行地在体育教学中加以运用。例如，体育教师在教授技术动作时，应该运用主观示范法来为学生讲解该技术动作。

第二，体育教师在选择体育教学方法时，应注意基于教学内容的表现方式来进行选择，以此来保证学生以极大的热情尽快掌握该种教学技术。例如，图片展示这一方法具有直观性、便捷性，多媒体教学这一形式具有生动性、细致性。不同的方式具有不同的特点，学生可以根据实际内容选择适合的教学形式。

（三）依据学生特点进行选择

体育教学所面临的群体主要是学生。如果没有学生，体育教学将会失去其存在的意义。具体来说，体育教师在选择体育教学方法时，需要考虑的是，这一教学方法是否有益于促进学生体育学习，所以一定要基于学生群体的实际需求以及特点来选择具体的教学方法。这要求体育教师既要关注学生的群体特点，又要关注学生的个体特点。具体来说，体育在基于教学对象即学生的特点来选择教学方法时，应该重点关注以下方面：

第一，就学生这一群体所具有的特点来说，体育教师要注意把控这一群体的共性，据此来选择体育教学方法。例如，低年级学生定性较差，爱玩，体育教师就可以在教学过程中多采用游戏这一方法进行教学；高年级学生的专注力更加持久，也有了思考能力，所以体育教师可采用探究、发现法教学，引导学生在自主探究以及解惑的过程中一步一步地培养起参与体育运动的习惯以及意识。

第二，就学生这一群体的个体特点来说，体育教师应该注意关注学生与学生之间的不同，并据此来安排教学方法。

（四）依据教师条件进行选择

在体育教学活动中，教师不仅是组织者、指导者，还是安排者、选择者、实施者。因此，体育教师在选择教学方法选择也同样应该对于自身的相关条件进行考虑，具体要求如下：

第一，体育教师在选择体育教学方法时，应着重研究这一教学方法是否和教师的教学风格、性格特征契合。

第二，体育教师在选择体育教学方法时，应该与本次课程的教学目的以及课堂控制相结合。

总而言之，体育教师在为高校体育教学选择教学方法时，要注意基于自己的特点来选择教学方法，以便扬长避短，使教学方法更具针对性。

二、高校体育教学方法的创新优化

（一）高校体育教学方法的创新

1. 教学方法的阶段创新

（1）准备活动的方法创新。准备环节是高校体育教学的重要环节之一。好的准备活动可以确保学生不管是身体机能还是心理机能都可以快速进入准备状态，极大程度地降低了运动损伤的发生概率，使整个运动过程得以顺利进行。因此，体育教师在创新体育教学方法的具体过程中，应该以准备活动作为出发点，使准备方法根据创新性，让学生得以放松身心，为后续教学的顺利进行提供保障。

具体来说，准备活动通常可分成两种形式——专项准备和一般性准备。体育在专项准备活动中，体育教师可基于教学内容适当引入一些与之相关的内容。例如，体育教师可在开展投掷类运动之前，带领学生做一个传球游戏，既可以让学生放松身心，激发起学生学习的热情，又可以让学生做好热身，可极大程度地避免运动损伤的发生，进而为后续教学的顺利进行做好铺垫。在一般性准备活动中，可通过游戏的形式激发学生的参与热情，保证学生大脑的兴奋性得以提升。

（2）课堂教学的方法创新。体育教师将创新理念融入高校体育的实际教学中，一方面可使整个课堂氛围更加生动活泼，使原本十分枯燥且单一的训练充满乐趣，另一方面又可将学生的学习热情尽可能地激发出来，使学生不仅可以深入理解相关理论，还能尽快掌握相关的运动技能，进而最终促使整个教学取得理想的效果。

（3）结尾阶段的方法创新。对于结尾阶段方法的创新同样不容忽视。体育教师如果在实际开展高校体育教学的过程中可以很好地对于结尾阶段的方法进行创新，为整个教学留下一个美好的结尾，会让学生产生一种乐不思蜀的感觉，这无疑不管是对于学生运动习惯的养成还是运动意识的形成都具有十分重要的作用。在体育教学中，结尾阶段在整体教学过程中所扮演的作用不容忽视，除了可使学生原本处于不平静状态的身心机能得以迅速恢复外，还能为学生后续的深入学习做好准备。对此，体育教师在进行创新时，一定要以学生此时所具有特点以及需求作为指导，大胆方法创新，以此来保证教学在结尾处可以得到升华。

具体来说，体育教师可以安排一些旋律、节奏都较为舒缓的音乐，再配合一些相对较为舒缓的动作，引导学生的机能状态可以逐渐趋于平静。除此之外，体育教师还可以尽可能对结尾时的教学形式进行丰富，可引入瑜伽、太极以及健美操等运动项目的动作，以此来尽可能完美完成结尾处的内容教学，保证学生的学习兴趣得以激发，确保创新可以实现。

（4）游戏形式的方法创新。游戏法是高校体育教师创新体育教学方法的重要形式之一。这种方法相对其他类型的教学方法，更具娱乐性，可保证学生的热情得到提升，是当下较为理想的教学方法之一。因此，体育教师也应在创新教育理念的指引下对游戏方式适当进行革新，以此来引导学生在游戏中逐渐健全自身的人格、提升自己的智力、发现自己的潜能，进而将体育这一学科所具有价值极大程度地发挥出来。

2. 教学方法的组合创新

组合创新教学方法，顺应了现代体育教学方法优化组合的发展趋势。组合创新，主要是指体育教师基于合作学习法来进一步对于教学方法进行完善以及创新。教学方法的组合这一措施实质上是一种对于原有教学方法的创新以及完善。体育教学方法要想保障教学活动的顺利进行就要基于实际情况对其不断进行创新，以此来确保新的体育教学方法不断涌现，体育教学最终得以收到良好的效果。

（二）高校体育教学方法的优化

1. 转变理念，强化手段

当今社会信息技术发展迅猛，教学与网络技术的融合已经成为一个不可逆转的趋势。在教学中，运用网络技术，可最大限度地地保证整个教学收到良好的效果。为了能够将网络技术的作用发挥出来，体育教师还需要及时调整教学理念。对此，高校体育教师以及相关工作人员一定要以一个开放的态度面对当下流行的新理念以及新事物，以此来为现代体育教学手段在体育教师的实际应用提供便利。体育教师要严格要求自己，提升自己的专业素质，努力在实际教学中不断发现自我、完善自我，这点同时也是现代高校体育教师素养在新形势下必须具备的素质。同时，这也是保证信息技术在体育教学中发挥出最大作用的关键所在。

在创新高校体育教学手段这一实际过程中，体育教师要想收获到良好的成果，应该在态度上给予重视，树立科学的创新意识。体育教学手段能够有所突破，实现创新，将会对现代高校体育教学能否实现创新、突破传统落实理念的制约、建立起与时代相适应的现代化体育教学模式起决定性作用。要想实现体育教学手段的创新，关键在于引导一线体育教师以及体育教学的相关管理部门对于创新形成正确的思维和意识。体育教学手段要想实现现代化，离不开体育教师想要激发学生的创造欲望、满足学生的心理需要，以及随时根据现实对于教学理念进行调整的高度责任感。

2. 优化体育教学硬件设施

我国体育教学应用多媒体计算机技术的时间尚短，支撑现代化多媒体辅助教学硬件资源的建设尚不完善。高校体育教师在开展体育教学时，如果需要利用多媒体技术，并没有专门供体育教学的实验室以及多媒体教学场馆，通常情况是借助其他学科的多媒体教室或教学场馆，这也从侧面导致体育教学对多媒体技术的应用受到了严重制约。因此，各个学校应该对于体育学科的多媒体场馆以及实验室加大资金投入以及设施建设力度，保证体育教学已经配备足够的体育教学场地、设施、器材装备，可以很好地满足当下体育开展教学的实际需要，这同时也是创新以及发展体育教学手段，使其实现现代化的基础。

高校体育教学除了要对于硬件设施的数量以及质量加以保证之外，还应强调科学且有效地对现代化教学设备加以应用，进而确保其可以更好地为体育教学实践服务。过去，各个高校体育教师主要借助于示范与讲解这种形式来给学生传授理念、教授知识。尽管体育教师亲身对于动作的示范以及讲解是正确且规范的，但是学生却有很大可能会因为教师示范时间过短而不能深入分析以及理解该动作的整个过程。倘若每次在教授新技术动作之前，体育教师就先组织学生利用多媒体技术先行观看以及分析该技术动作。例如，体育教师可利用多媒体技术的慢放功能，对于那些复杂动作进行慢放或者分解，以此来保证学生可以深入理解该动作的原理以及动作之间的上下承接关系。或者也可以利用多媒体技术记录学生练习技术动作的过程，以供教师对于学生掌握情况进行分析，并对于那些不足或者错误之处及时加以调整。多媒体技术可以涵盖形、声、色，这能够对于学生的感官直接产生影响，这比传统教学方法更能对其大脑皮层的神经系统产生刺激以及激发影响，可极大程度地激发学生的学习积极性。

除此之外，尽管部分学校也为体育教学搭建起了多媒体实验室，但在测量或者理论教学中加以运用，反而很少在体育技术教学中加以运用，这促使体育教学实验室的功能性尚未被完全发挥出来。倘若体育教师在向学生教授体育技术时可以对于体育教学实验室加以科学合理利用，使体育教学手段得到优化，转而成为一种结合了体育多媒体、教学实验室和室外技术实践的本科教学模式，将会对课堂教学效果和质量的提升产生十分重要的作用，有助于学生对于复杂高难度的技术动作的快速理解以及掌握。

因此，高校体育教师在开展体育教学时，可事先组织学生对课堂内容所涉及的技术动作进行观看，让学生对于该技术动作有所理解。除此之外，体育教师还可借助实验室的器材设备，来让学生通过真实体会这一形式技术进行动作的特点。

体育教师要组织学生在实际结合运用音乐媒体的练习过程中，加深对练习时间以及节奏的把控，让学生可以正确掌握该技术动作，并对其所具有的时空感、节奏感有更深的理解，从而保障学习效果可以得到有效提升。

3. 开发体育教学软件

在高校体育教学基础设施持续得到完善、优化，以及教育技术现代化得到快速发展这一背景下，当前各个学校要注意加大对于体育教学辅助软件的建设力度。各个学校在后续体育教学中应有意识地确保体育教学软件的开发力度可以得到进一步提升，使其得到迅速发展，可以更好地匹配现有的硬件设施条件，从而可以将现代化教学手段的价值以及意义充分发挥出来。

具体来说，体育教师在开展体育教学的实际过程中，要基于汇集计算机、投影仪、录像播放三者于一体的多媒体技术，将那些难度相对较高的动作技术制成电脑动画，以便学生可以反复多次、慢速、多方位、动静结合地来观看整个技术动作的演示，如果可以再配以一定文字，对该类动作的关键部位进行解释说明，学生势必会对所学动作的技术要领以及动作结构有更加深刻以及清晰的理解以及认识，这可确保学生对于正确动作快速形成概念，可极大程度地提升教学效率。

那些功能强大、全面、实际操作性较强的教学软件可极大程度地激发起学生学习体育动作、体育理论的兴趣。这进一步说明教学软件的开发利用在高校体育教学中具有非常重要的价值。

例如，在开展篮球体能训练的实际过程中，倘若只依靠于个人进行体能训练，或者利用多媒体幻灯片这一技术来向学生讲解大量的理论文字，这对学生而言无疑是枯燥乏味的。反之，倘若体育教师在制作体能电子教案时采用动画或者视频等动态形式来对体能训练进行讲解，这种形式更加具有观赏性，可供学生反复观看，最后再辅之文字理论或讲解，这可以直接对学生的感官神经产生一定刺激，使学生在学习体育理论以及技术时带有强烈的好奇心与兴趣。大力开发体育教学软件，除了有益于进一步优化体育教学内容、教学模式之外，还能进一步拓展以及丰富学生对所学内容的领悟路径。

此外，出于进一步丰富以及拓展资源的目的，各个学校还应该搭建起相关的网上教学资源库，以便学生可以借助校园网，在教学资源库中获取到自己所需以及自己感兴趣的知识在线自行主动进行学习，这有利于为学生营造出一个更好适应高度互动、个性化的智能教学环境。在校园网、体育教学信息库得以建立并实现进一步改善，以及高科技产品与体育教学之间的结合更加紧密的背景下，不管是研制现代化体育教学软件还是创新与开发现代化体育教学软件和过去相比都更为容易了。由此可见，加快、加大开发体育教学软件的力度，对创新以及发展体育教学手段的现代化都具有极其重要的意义。

第四节 高校体育教学模式的创新

一、高校体育微课教学模式

（一）微课及其特征

微课是一种全新的教学理念，"微课"的中文全称是"微型视频网络课程"。大约在 20 世纪末微课开始在世界各国的范围内流传并被高校应用。微课的发展十分迅速，深受学生的喜爱。微课教学一般都能够突出教学的重点以及教学的难点，它的教学时间都比较简短，控制在 10 分钟以内，从而能够使学生高度集中学习的注意力，使学生乐于学习，乐于接受这种学习的形式。和传统的教学方式相比，微课具有很多显著的特征，主要包括如下五个方面：

1. 主题明确

教师在教学实践中应用微课的主要目的是解决很多传统教学模式在课堂中无法解决的教学难题，例如，教学的知识点复杂且缺乏一定的逻辑性、教学的重点和难点不突出等问题。一般情况下，教师在制作微课视频时，他们都已经有了明确的主题，一般教师制作的微课都是围绕着教学中的重点知识或者难点知识展开的，这样微课教学就能够有鲜明的主题，也能够易于学生理解，帮助学生厘清学习的思路，使学生轻松地掌握教学中的知识点。

2. 弹性便捷

在我国传统的教学模式中，课堂教学时间一般都是固定的，即每节课一般规定为45分钟。在微课教学中，微课视频的时间一般都比较短，只有5到10分钟的时间，因而年龄比较小的学生在学习微课视频时比较容易集中注意力，而且这些短小的视频也很容易吸引学生的注意力，激发学生的学习兴趣。此外，微课的资源易于下载和储存，学生只需要携带移动设备就可以随时随地开展学习活动，非常便捷，具有极大的灵活性。

3. 共享交流

在互联网时代，网络为人们的生活提供了很多便利，它的显著优点就是网络可以实现资源的共享。由于微课教学依托于先进的网络技术，因而微课还有一个显著的特点，那就是可以实现资源的共享。微课还可以为教师和学生提供一个网络信息交流的平台，当教学结束之后，教师就可以把相关的教学视频资料上传到网络上，从而供其他教师以及学生学习和借鉴。这也有利于教师之间切磋和学习，促进教师专业发展。

4. 多元真实性

微课的多元特点主要是指微课的资源形式非常丰富，不仅包括视频形式的微课资源，还包括微教案、微课件等教学资源，教学资源的形式是非常多样化的。与我国传统的课堂教学模式相比较，微课这种多样化的教学资源可以提升学生的学习兴趣，使教师的教学更加精彩。在日常的教学实践中，无论是教师还是学生，他们在利用微课资源时都能够从中学习很多东西。

对于学生而言，他们在利用微课学习时，可以利用相应的微练习对已经学习过的知识进行练习和巩固，他们可以利用相应的微反馈来检查自己的学习效果，并查看错误题目的答案，巩固自己的知识。这整个过程可以大幅度提升每个学生的思维能力，使学生对自己的学习能力有更加清晰的认识。

对于教师而言，教师在制作微课的过程中也可以学习很多微课制作技巧，可以提高自身的教学技巧等，这个锻炼的过程也有利于教师的专业发展。微课的真实性特点主要是指微课在设计时都会选择真实的场景，从而使教师把微课和传统课堂教学结合起来。具体分析而言，教师在选择微课的场景时通常都会选择和所学专业相关的场景，如教师通常会选择高校的体育馆等场所来录制体育教学中相关的微课视频，又如教师通常会选择专业的化学实验室等场所来录制化学教学相关的微课视频资源，这样能够体现出微课的真实性。

5. 实践生动

由于微课开发的主体是广大一线教师，加之微课开发的本身就是以高校的教学资源、教师的教学与学生的学习为基础的，因此越来越多的高校通过微课这种新的学习方式进行探索研究，加强本校的微课建设，本身就具有很强的实践性。在实践的过程中，需要注意微课的表达方式，生动活泼不仅体现在精美的画面、动听的音乐以及明确的主题上，还体现在精心设计的流程及其相应的互动方式上。

（二）微课教学的前提

1. 学生具备较强的自学能力

在微课教学中，学生要具备较强的自学能力才能顺利地完成教师提前布置的学习任务，这就要求每个学生不断提升自学能力。对于学生而言，其自学能力的提升和很多因素有关系，学生不仅要端正学习的态度，还要加强自身专注力的训练、提升自制力以及积极地排除消极因素的影响。

在实际的微课教学中，教师可以从三个方面来培养学生的自学能力。第一，教师要在教学中采用多样化的措施来提升学生的学习兴趣，学生只有对学习充满了浓厚的兴趣，他们才愿意投入体育的学习中去，他们才愿意花费时间以及精力来学习体育；第二，教师在教学中要多多鼓励学生，要多给予学生一些积极的评价，从而使每个学生都能够对自己充满信心，自信心对于学生而言非常重要，它能够让学生不断认可自我，这也可能成为学生不断进步的动力；第三，体育教师要和学生之间建立一种十分融洽、和谐的师生关系，这样在微课教学中，教师和学生是处于一种十分平等的地位，学生也能够在十分愉快的学习环境中学习体育知识，锻炼各项技能。

总之，教师应该在潜移默化中培养学生的自学能力，从而为微课的教学作准备。

2. 教师拥有科学化的教学理念

基于信息化技术，各行业都开始了不同程度的变革，在教育领域也是如此。信息技术的支持，使我国的教育发展走上了快车道。各种信息技术应用在教育教学中，极大地提高了教育教学质量。信息技术使得各种教育设备具有了更高的可靠性，并且使用起来也更加便捷，网络技术的进步也使得教育教学不再受到地点以及时间的限制。先进的教育理论是实现信息技术与教学整合的必要前提，在教育教学中发挥着重要作用。从信息技术层面上看，信息技术在教育中应用的过程是信息技术手段在体育学科中的应用过程，而从教学改革上看，信息技术在教育中应用的过程则是教学改革的过程。理论与实践是相辅相成的，没有理论指导的实践是不会成功的，如果没有正确的理论作指导，教学改革将无法成功。

我国对推进信息技术在教育教学中的应用制定了一系列政策，提出了一些要求。例如，必须将优质的数字教学资源完善起来，将信息技术深入应用到教学中去，在教育教学中使用信息技术进行创新，使用信息技术来解决教育教学中的难题等。信息技术使人们的教学和学习活动有了更加广阔的空间，不仅可以进行实时学习，而且可以进行异地异时学习。教师和学生之间不再是简单的课堂上的联系，而是借助信息技术开展远程教学、网络协作教学等，这些多种多样的教学模式将教育与教学引入了一个更加高效的阶段。在信息化的教学环境中，教师和学生不再被动地讲解和学习知识，而是充分发挥网络的作用，教师可以在线指导学生开展学习，也可以学生自学然后将疑问传递给教师，这种教学模式极大地解决了教师和学生不同步的问题。并且，学生可以随时随地开展移动学习，充分利用自己的碎片化时间。

在微课模式下，教学变得更为简单。对于学生来说，就可以根据自己的步调进行学习，这样转变了自己的学习状态，化被动为主动，学生显然可以根据自己的兴趣开展学习，在此种背景下，学生学习的主动性就会得到发挥，从而开展自主学习，增加自信心。由于微课的时长较短，则它占据的内存就比较少，下载只需要花费很少的流量，方便了学生在移动设备上观看和下载学习。微课视频还具有一定的其他功能，例如可以随时观看和暂停、随时快进和后退，这些都为学生的学习提供了很大的方便。学生观看微课视频之后，如果不理解，还可以反复观看，当看到有兴趣的内容时也可以再次观看。

总之，微课利用现代信息技术实现了信息化教学，这种教学方式的更新极大地调动了学生的学习兴趣，也解放了教师的双手，使教师有更多的时间研究教学，而不是制定教学内容，这是时代发展的结果，也是教学的发展趋势。

3. 具备成熟的信息技术

信息革命浪潮的兴起，促进了互联网的全球化普及，让世界各地的人们可以近距离交流。信息技术的发展同样也带动了其他技术变革，对社会发展产生了重要、深刻的影响。现代社会是信息化社会，所有领域都在试图利用信息技术进行变革，信息技术的快速发展对社会的发展产生了不小的影响，也提出了比较高的要求。在这一社会转型时期，人们必须转变观念，用新的眼光来审视教育制度，对教学模式予以创新，并重点思考怎样在教学中运用信息技术，使信息技术成为教学改革的重要推动力。

在高速前行的信息化浪潮中，教育的目的也发生了变化，其中一个比较重要的目的就是，使人借助信息技术来丰富自己的知识，提高自己的专业技能。信息技术对教育的变革体现在很多方面，一方面，它改变了人们的学习习惯与学习方式；另一方面，它改变了高校长期以来固有的教学模式。鉴于此，高校也要转变既有观念，重新审视技术在教学中的重要性，适当引入信息技术，使其可以在教学变革中发挥重要作用。新型教学模式的开展离不开多功能教室的支持，在网络的支持下，教师可以根据教学需要创设出不同的教学情境。当教师利用信息技术向学生展示教学内容的时候，多方位的展示显然会加深学生对知识的理解，这样也利于课程的顺利开展。

（三）高校体育微课教学模式的设计构建

1. 体育微课教学模式的设计流程

在设计微课的时候，需要对学生进行细致的分析，在仔细斟酌的基础上选择微课的内容，充分考虑学生的实际学习需求，对课堂的主题进行细化处理，根据需求合理地选择各种教学媒体和软件。设计好微课之后，可以在网络或者课堂上试用，根据试用的效果对微课进行优化调整，从而使其更加符合实际的教学需求。微课设计模式主要包括以下内容：

（1）明确微课设计学习目标。每一门课程都有其具体的教学目标，体育教学自然也不例外。体育微课的设计要根据教学目标的要求对重难点进行合理的设计。在此基础上，紧紧围绕教学目标对具体的教学过程进行设计。需要注意的是，学习目标的设定应当在充分考虑学生的基础上进行，这样才能使目标更加具有针对性。

（2）学生分析。如学生学习方面有何特点、学习方法怎样、习惯怎样、兴趣如何、成绩如何等，将学生的各种情况充分考虑在内，尽量使微课的设计具体到每一个细节，以满足学生的多元化需求。

（3）学习内容分析。对知识之间的关系进行细致的梳理，可以在教学内容之后设计一些具体的练习，以便于及时掌握学生的学习情况，从而获知学生微课学习中的重难点。在体育微课学习中，知识点是相对完整的学习内容，也是课程目标之下最小的知识单元，某一个概念或者动作要点都属于一个相对独立、完整的知识点。

（4）选择学习策略。在进行体育微课设计时，要重视学生的主体地位，根据具体的学习内容及学生的实际需求选择适当的教学方法。这对于学生更好地掌握学习内容是至关重要的。

（5）课程资源开发。微课作为一种新兴的教学形式，具有非常强的开放性与互动性，因此其资源也不再局限于传统的教材与课本，而是多元化的，因此对微课资源进行开发时，要充分利用互联网的优势，注重资源的多元化。

（6）学习活动设计。微课的时间虽然比较有限，但是其内容是完整的，因此微课也包括多个教学环节，每一教学活动的设计要以学生的实际学习情况为前提，辅之以教师的指导，在各种学习活动中不断推动学生学习能力的提升。

（7）评价设计。微课教学评价的设计主要是了解微课最终所实现的学习目标是否同预期的一致。在进行评价设计时，要注意评价的多样性与全面性。

（8）微课在学习活动中的实施与评价反馈。微课在具体实施过程中的开展情况以及最终所达到的效果，都能够为微课的进一步调整与完善提供有效的依据。

2. 体育微课教学模式的设计要求

在体育教学中应用微课教学模式，应当对其目标进行明确的定位，并综合考虑多等方面的因素，才能使微课发挥价值。在对体育微课进行设计的时候，应该遵循定向性原则，将体育学科的内涵作为中心，紧紧围绕体育课程的培养目标开展各项工作，重视教学内容的设置，尊重学生的主体地位，使体育微课真正适合学生的需求，发挥原有的价值。

课程的设计往往需要根据学科的教学大纲与教学计划来进行，体育微课作为一种微缩版的课程形式，其设计自然也不例外。微课具有非常强的开放性，并且具备良好的开发潜能，能够使学生在学习中获得更多的自主权，因此，微课对于体育教学具有非常重要的意义。

（1）在对体育微课进行设计的时候，要将微课与课堂教学紧密结合在一起。通常来说，体育课中会有体育常规，微课也应当重视与体育常规的结合。微课是一种针对性较强的课程形式，其中的教学内容涉及了重点、难点或者是个别知识点的讲解，与体育教学结合在一起，能够使两者相辅相成，互为补充。每一所高校都有其自身的办学特色，微课的设计应当充分与高校的体育办学特色结合在一起，打造具有特色的体育微课。微课的设计应当尊重学生的主体地位，重视学生主观能动性的发挥，并且充分结合学生的兴趣，向学生展现更丰富的学习内容，从而不断增强体育教学的效果。

（2）体育微课的设计要将体育学科的定位作为指引，在对微课进行设计的时候，要对各种因素进行充分的考虑，如高校对于体育课的标准定位、高校对于学生的培养目标等，否则，会导致微课失去其本身的价值。

（3）在对体育微课进行设计的时候，应当重视对体育知识的筛选，将知识点的数量控制在合理的范围之内。微课作为一种新兴的教学形式，顺应了时代的潮流与高校教学的需要，因此，体育微课的设计也应当将满足实际的教学需求作为根本的出发点。体育微课重在对体育教学中的重点、难点进行讲解，具有很强的针对性。但是，这并不是说，在微课中可以随意设置教学内容，而是要在教学内容保持完整与系统的前提下进行开展微课设计活动。

（4）体育微课的设计不应照搬一些现成的教学案例，而是要重视微课内容的创新性，并且在微课中充分体现出体育教学重视学生身体锻炼的教学理念，使学生将体育知识的学习与体育锻炼充分结合在一起，最大限度地发挥体育微课教学的价值。

在对体育微课教学进行设计的时候，应当充分考虑三个方面的因素：课程资源，即依据课程的教学目标向学生所呈现的具体的学习内容，这也是教材中比较重视的重点与难点；学习活动，即微课实施的教学过程以及学生所开展的各种学习活动，这方面主要是通过教学的各个环节来体现的；反馈评价，微课的反馈评价来自微课设计者、教师以及学生这三个方面所做出的综合性评价，缺少其中任何一方面，反馈评价的结果都不能作为最终结果。

微课是一种新兴的教学资源，它的发展是建立在实际的教学需求之上的，尤其是能够紧紧围绕体育教学的知识点展开教学，因此在体育课程中的应用体现出非常强的针对性。需要注意的是，体育微课的设计必须在保持这一学科教学内容完整性的前提下进行，对于知识点的选择不仅应当重视数量，还应当注重质量，充分体现体育课程的系统性与完整性。

3. 体育微课教学模式设计的分类

高校体育教学具有其自身的特点，根据这一特点可以将体育微课划分为体育理论微课和体育实践微课两种类型。

（1）体育理论课程设计。体育课程的教学是紧紧围绕教学内容来展开的，教学活动既包括教师的教，也包括学生的学，是教与学有机统一的双向活动。在体育理论教学中，有三个对象的参与，即教师、学生与媒介，教师采用适当的教学方法，辅之以必要的教学媒介，使学生掌握体育理论知识，培养学生良好的体育学习能力与高尚的情操。体育理论的教学既要重视教师的教，也要重视学生的学，教师所开展的教学活动要有一定的目的性与计划性，并重视学生学习活动的反馈。此外，随着社会对人才的要求越来越高，体育理论微课教学也要紧跟时代的步伐，不断创新教学内容与教学形式，以满足学生日益增长的学习需求。

（2）体育实践微课设计。由于体育教学有其自身的特点，因此决定了这门课程的教学要将体育实践课的教学作为主体部分，而且教学活动也大多是在室外开展的。在体育实践课教学中，教师做各种动作，学生进行观察，并模仿学习。这一教学过程中，只有教师具备比较高的教学水平与示范水平，才能将各种动作教给学生，并使学生掌握动作的要领。但是，每一位体育教师都有自己所擅长的一面，也必然有不擅长的一面，很多教师在课堂上通常是将自己擅长的动作教给学生，而学生对于其他的内容则知之甚少，这就导致体育教学存在着一定的局限性，长此以往，会对学生的全面发展产生不良的影响。将微课应用于体育实践微课教学，可以有效地解决这一问题，教师在微课中将各种体育知识与动作全方位地呈现给学生，使学生更加直观地了解到自己所需要学习的内容，这种方式不仅可以激发学生的学习兴趣，而且能够不断推动体育实践课教学质量的提升。

4. 体育微课教学模式的构建原则

（1）适时分解。微课一个非常显著的特点就是使用方便，不受时间、地点的限制，所以，微课的容量体积自然就小。一节微课中所涵盖的内容量比较少，学完一节课所花费的时间也比较短。然而，这并不是说微课的设计是随意的，相反地，微课同一般的课程一样，具有非常强的整体性与完整性，它强调对教学内容进行适时的分解。因此，在进行微课设计的时候，必须遵循适时分解的原则，对具体的学习内容、学习方式以及学习环境等内容进行充分的考虑。

（2）聚焦性。在进行微课设计的时候，应当重视对知识点的选择，将目光聚焦在重难点或者是考点上，使微课所涵盖的知识点更具有针对性。就体育微课的设计来说，遵循聚焦性原则是非常重要的，教师应当注重在微课中融入运动技能的重难点分解、容易出现的失误等真正为学生所需的知识点。如果学生对某些运动项目的需求比较多的话，教师则可以充分考虑项目本身的特点，抓住其中的重难点，制作真正适合学生的体育微课。

（3）简明性。微课之所以在时间上比较短暂，是因为考虑了学生在注意力集中方面的特点。通常而言，人的注意力在 5～10 分钟的时间内是最佳的，所以微课抓住了这一特点，力图在学生注意力最集中的时间内完成对知识的学习。因此，微课在知识点的选择上应当简明扼要，突出重难点知识以及核心的技能技术，有效地吸引学生的注意力。

二、高校体育慕课教学模式

慕课是计算机网络技术迅速发展的产物，具有大规模性、在线性、开放性、高效性等特点。正因如此，慕课在教育教学领域得到广泛应用。近年来，体育慕课教学是体育教学信息化改革的重点，也是体育教学信息化改革的重要方向。体育慕课教学模式克服了传统教学模式单一的弊端，确立了学生的主体性地位，"慕课作为在线教育的延伸和拓展，蕴涵多种教育理念"。

（一）慕课的特征

慕课（Massive Open Online Courses，MOOC）即大规模开放的在线课程，是"互联网＋教育"的产物，可以根据这四个单词的组合意义来理解慕课的内涵。

大规模（Massive）：在慕课中主要强调的是在这一平台上注册学习的人数很多，同时也强调了注册人数不受限制。

开放（Open）：在慕课中主要强调的是这一平台没有针对性，面对的是全世界任何一个想要学习的人，同时提出了慕课这一平台对学生没有任何要求，只要想学习就可以在平台上注册学习。

在线（Online）：主要强调的是利用计算机网络进行学习的一种方式，强调这一平台的网络性和在线性，强调学习者可以根据自己的时间来灵活安排自己的学习。

课程（Course）：在慕课中主要强调的是一种课程学习资源，慕课整合多种社交网络工具和多种形式的数字化资源，形成多元化的学习工具和丰富的课程资源。

"慕课是促进教育公平的一种手段，它使学校、公司和各类组织将自身的教育资源进行共享，让名校名师的优秀课程不再局限于单个教室，而是面向数目庞大的互联网用户，使得任何一个学校的学生都能够受到和名校生同等水平的教育。"[1]

1. 大规模性

慕课是大规模的在线课程。因此，大规模性也是慕课的主要特征。众所周知，传统教学是有人数限制的，而慕课教学并没有人数限制，同一课堂上学习的人数可以达到数百万。

随着信息技术的发展，信息技术在教育教学中得到广泛的应用。教育信息化是教育发展的主要方向。慕课作为不限制课堂学习人数的信息化平台，在教育教学领域日益受到重视。慕课是信息化时代的产物，慕课为世界各地的学生提供了信息化学习平台。在这一平台上，有来自世界各地数百万的学生在同一课堂进行学习，从而体现了慕课的大规模性，这也是其他信息化平台无法比拟的。

2. 开放性

慕课作为大规模开放式在线课程，具有开放性的特征。关于慕课的开放性，我们可以从以下方面对其进行分析：

（1）教育教学理念的开放性。慕课平台注重平等性和民主性。同时，慕课平台上的课程资源是面向世界各地、各族人民的，没有任何人群的限制。除此之外，慕课平台提倡，只要想学习的人都可以在平台上进行注册，从而学习慕课上的各种资源。

---

[1] 王寅昊. 慕课在高校体育教学中的应用研究 [J]. 教育教学论坛, 2020（6）: 256.

（2）教学内容的开放性。慕课平台上蕴含着大量的网络在线资源，且这些资源的内容是开放性的，没有时间和空间的限制。

（3）教育教学过程的开放性。讲授者与学生的上课、交流、测试、评价等都是在慕课平台上进行的，教育教学过程是开放的。

可见，慕课有着优质的教育资源，同时将这些优质教育资源上传到慕课平台上，真正实现了资源的全球共享。慕课的开放性有利于促进教育国际化的发展，有利于实现全球资源共享，也有利于世界各地学生树立终身学习理念，更有利于促进教育公平化的进程。

3. 技术性

技术性也是慕课的主要特征。慕课是信息技术高速发展的产物，与其他的网络公开课程不同，慕课并不是教材内容到网络内容的简单搬移，而是充分利用信息技术的优势，实现讲授者和学生之间的在线交流与互动。实际上，慕课是将整个教学过程从线下搬到了线上，真正实现了在线课程教学。

同时，慕课作为信息化平台，主要采用短视频的形式进行在线教学。通常情况下，在每一堂课中，慕课所涉及的教学短视频的时长在15分钟左右。在这些短视频中，不仅包括学习的课程内容，还包括一些客观题。学生要对这些客观题进行回答，而慕课平台中的系统将对学生的回答进行评价，只有回答正确这些客观题，学生才能在慕课平台上继续学习。

慕课不仅充分利用了信息技术，还将云计算平台融入其中，这样不仅丰富了课程资源，还促进了海量课程资源的全球共享。另外，慕课还融入了大数据技术，在一定程度上促进了个性化教学的发展。除此之外，慕课平台中的各个网站也是精心设计的，这些精美的网站设计不仅有利于激发学生学习的热情，还有利于提高学生的学习效率。

4. 自主性

自主性是一个内涵十分丰富的概念，不同的学者对其理解也不同。基于关联主义的慕课推崇者对慕课的自主性特征发表了自己的看法。具体而言，主要包括以下方面：

（1）自主性强调的是学生在慕课学习过程中自己设计目标，不强调事先目标的设定。

（2）慕课学习中主题是明确的，可以供学生参考。但是学生通过慕课平台学习的时间、地点都是不确定的，同时学生的学习方式、学习效率、学习快慢等都是不受限制的,也就是说学生可以自己决定学习的时间和地点,也可以自己决定学习的方式。

(3)除了需要获取学分的学生以外,其他学生的课程考核方式都不是正式的。学生对自己在慕课平台上学习的预期和效果可以自行评判,并没有固定的、专门的或正式的考核方式。

由此可见,基于关联主义的慕课推崇者强调慕课学习完成是学生自己学习的过程,并在学习过程中自行监督和调控。

学生结合慕课学习资源,根据自己的实际学习情况,选择合适的时间、地点对慕课上的资源进行学习。同时,学生根据自己的学习需求,可以有针对性地与他人讨论和交流,从而通过学习慕课资源来满足自己的学习需求。除此之外,还需要指出的是,慕课与翻转课堂相融合,有利于慕课作用的发挥,也有利于提高学生的自主性和主动性,从而不断提高学生的学习水平。

5. 优质性

与其他信息化平台相比,慕课具有优质性的特征。慕课涉及很多的课程,无论是世界慕课平台课程还是当前比较流行的"好大学在线"课程,都拥有着高质量的信息资源和学习资源。因为,这些慕课平台上的课程资源是世界各高校通过专门的技术团队进行合作开发、筛选、编辑、加工、整理、审核之后上传的。这些慕课资源不仅有代表性,还具有高质量性,这些都为慕课课程资源的优质性奠定了基础。

总之,慕课是一种信息化的教学模式,不受课堂人数、时间和空间的限制,学生在慕课平台上学习具有很大的自由性,有利于调动学生学习的积极性。

(二)高校体育慕课教学模式的优势

1. 慕课易促进体育教育的公平

在体育慕课教学模式中,世界范围内的学生可以根据自己的学习情况自主选择学习时间和地点。慕课在高体育教学中的应用,突破了地域经济差异,丰富了教学资源、扩大了学生数量,从而使不同地域、不同职业、不同年龄、不同学历的学生都可以自主学习。可以说,慕课这种开放性的学习模式,为想要学习的学生提供了学习的平台,避免了想学而无法学习的现象,有利于扩大学生的数量,也有利于提高体育教育的覆盖率。

另外,学生也可以根据自己的兴趣、特长等进行体育精品课程的学习。

在学习体育课程的过程中，学生如果遇到了问题，可以借助慕课平台与教师、同伴进行交流和互动，从而主动地构建知识，改变了被动接受知识的局面。总之，在慕课体育教学模式的影响下，教师不再是主导者，学生成为学习的主体。同时教师和学生形成了一种平等、和谐的师生关系。另外，慕课体育教学模式为学生提供了公平的学习机会和受教育机会，有利于促进体育教育的公平性。

2. 慕课推动终身理念的养成

慕课在体育教学中发挥着至关重要的作用，也是现代体育教学发展的重要方向。随着慕课的发展以及体育教学改革的不断推进，慕课对体育教学的影响也越来越大，慕课也将会不断应用于体育技能教学、体育技能训练、体育培训、体育实践等多个方面。同时，慕课融多种学科于一体，学生可以根据自己的学习情况和学习需要，自主学习、自主监督、自主调控，并不断与教师和其他相同兴趣、特长的学生进行交流和互动，从而不断学习、不断提高，进而促进终身体育学习的发展。

3. 慕课使体育学习更加个性化

体育慕课教学模式蕴含着丰富的开放式教育资源，有利于学生随时随地地进行学习，有利于优化学生获取知识的途径。慕课课程资源具有优质性的特点，这些优质的课程资源有利于吸引更多的学生来平台注册学习。

同时，体育慕课教学模式注重对学生创新能力的培养，重视学生的个性化发展。众所周知，不同的体育教师具有不同的学历层次、知识结构、教学经验，因此，即使面对同一个教学内容，不同的体育教师对其有着不同的理解和表达。这样有利于避免教学内容和教学过程的千篇一律，有利于促进学生的个性化发展，还有利于学生根据自己的实际学习情况科学选择体育课程内容。

另外，除了学校教材要求学生学习和掌握的内容外，学生还可以充分利用慕课平台，根据自己的特长和兴趣，结合自己的自由时间，自主选择一些适合自己个性化发展的学习内容，这样有利于学生在拓展学习中体验运动的乐趣，有利于全面促进学生的个性化发展。

4. 慕课使体育教学更加鲜活

无论是体育教学理论知识，还是其他形式的教学理论知识，大部分是枯燥、艰涩难懂的，难以激发学生的学习兴趣，而体育慕课教学模式充分利用信息技术、云计算技术、大数据技术等先进的网络技术,将枯燥、艰涩的体育理论知识以信息化的形式呈现出来。这种信息化的形式避免了理论知识的艰涩难懂,从而使体育教学更加鲜活。体育慕课教学视频可以在一个十分钟左右的课程中集中讲解某一体育技术问题或者体育理论知识,还可以在教学中设置一些师生互动活动,这种互动性的活动有利于激发学生学习体育的兴趣。学生通过慕课学习不仅可以将碰到的问题或困难在互动交流平台上向教师提出,教师则可以及时给予相应的解答。此外,学生还可以随时了解和调整学习进度,这种新型学习方式有助于使得原本相对枯燥乏味的体育理论知识变得更加生动有趣,从而极大地提升学生的学习欲望和主动性。

5. 慕课有利于提升体育教学质量与教学效率

随着信息技术的发展,传统体育教学模式的弊端日益凸显,在一定程度上限制了体育教学质量和效率的提高,同时也在很大程度上制约了体育教学的发展。体育慕课教学模式可以有效解决传统教学模式中存在的各种问题,具体分析如下:

(1)有利于学生形成清晰的动作概念。体育慕课教学模式可以将一些连贯的、复杂的动作制作成短视频,并通过图片、文字、声音、图像等方式将这些连贯的、复杂的动作呈现出来,这样学生可以通过短视频更加直观地学习这些复杂的动作。具体而言,学生可以根据自己的实际学习情况,自己控制观看短视频的进度,遇到某些难理解的动作时,学生也可以利用短视频的暂停、回放等功能来对这些动作进行回看,这样有利于学生形成清晰的动作概念,有利于正确理解动作要领,有利于全面地学习和掌握体育运动动作。

(2)有利于学生一对一在线学习。众所周知,慕课的主要特征之一就是大规模性,同一课堂上学习的人数可以达到数百万。但体育慕课教学模式强调在线学习,这些数百万的人都是在慕课平台上进行在线学习。实际上,这种在线学习很大程度上是一对一学习,这样有利于学生的自主学习,有利于弥补大班授课的不足,有利于对学生的学习进行监督和管理。

(3)打破了传统教学模式受时间和空间的限制。体育慕课教学模式不受时间和空间的限制,也不受光线、天气等其他因素的制约,学生可以随时随地地进行学习。

由此可见,传统体育教学模式容易受外在环境的影响和制约,这在很大程度上影响了体育教学质量和效率的提高。体育慕课教学模式避免了这些外在环境因素的影响,可以不受时空的限制,有利于提升体育教学的质量和效率。

6. 慕课可以优化整合体育教学资源

传统的体育教学模式教学资源单一,已经很难适应现代体育教学的发展。将慕课融入体育教学模式,有利于教学资源的丰富和优化。基于慕课的体育教学模式不会固守体育教学风格和专业设置,而是充分利用信息技术和网络技术,集多人、多校优质教学资源于一体。

慕课应用于体育教学中,能够有效解决体育师资力量不足的问题,也能够缓解体育教师的教学压力。教师可以通过慕课平台上的相关数据了解学生的学习情况以及教学质量和教学效果。教师借助慕课平台来获得反馈信息,这样教师可以有更多的精力进行教学设计、方案规划、活动组织、课后辅导等。

(三)高校体育慕课教学模式的应用策略

1. 制作慕课特色课程

在体育慕课教学中,高校要注重对顶尖团队的培养,从多个层面打造体育核心课程,并充分利用慕课平台实现体育资源的全球共享,从而吸引世界上更多的学生进行体育特色课程和优质课程的学习。

除此之外,高校还要注重体育非核心课程建设。这是当今时代一专多能人才培养的要求。因此,我国高校应该充分利用慕课这一信息化平台,将世界上优质的体育课程资源融到本校慕课平台中,这样有利于拓展学生学习的范围,有利于激发学生学习的兴趣,提高学生的自主学习能力,从而为一专多能人才的培养奠定基础。

2. 丰富慕课课程资源

慕课的质量对教学效果有很大的影响。虽然我国对慕课的质量没有制定严格的标准,但是慕课的质量对教育质量有直接的影响,这就要求各个高校必须制作出非常优质的慕课视频,从而提升体育教学的质量。因此,政府、高校、企业等需要制定出一套慕课的质量标准,从而提升慕课质量。教师是慕课资源开发与利用中的重要参与者,能将慕课教学的作用发挥到极致。因此,高校在进行慕课资源开发时不仅要积极引入高质量资源,更要重视教师在资源开发中的作用,鼓励教师与时俱进,把慕课教学模式引入体育课堂,以提高教学效率。

在具体的课堂实施中,教师可以将慕课与体育较小灵活地结合起来,这样慕课就以一个新的、学生更能接受的形式参与到体育课堂中来，同时还有利于调动学生学习的积极性。慕课内容的载体形式是视频，这就要求体育教师除了要具备扎实的专业知识外，还需要具备一定的信息技术能力，能够制作短视频。慕课视频要建立一套完整的制作、审核、评价机制，从而制作出一套质量优质的视频。

高校实施慕课教学也是为了满足个性化教学的需求。因此，在制作慕课视频时，教师要充分考虑到学生的需求，打造出可以满足不同学生需求的多层次慕课课程。一些一流高校的学生大部分具有较高的认知能力，他们适合使用一些难度较高的慕课视频，而对于认知能力不那么强的普通学生来说，需要使用一些难度较低的慕课视频。当然，为了建设更高水平的慕课课程，高校可以引进国外的优质慕课资源，从而结合高校的教学实际情况，形成自己特色的慕课教学资源。

3. 开发体育精品课程

（1）学校、教师、学生等要多方宣传与推广运用体育类国家精品开放课程。由于我国体育类方面的精品课程较少，学习的人数也较少，因此，体育类精品视频课程播放量较少。为了使更多教师和学生享用精品课程带来的好处，学校、教师和学生应该尽可能地通过多种手段宣传精品课程，从而发挥精品课程的最大价值。

（2）完善体育类国家精品资源共享课中体育专业课程的建设。体育类国家精品课程仍然存在一些不足，只有少数的体育课程建设精品课程，而一些体育与其他学科结合的课程还没有建设完善。各个高校还要对慕课与传统体育结合的课程加强建设，申报一些精品课程建设项目，从而不断完善体育专业课中的精品课程资源。

（3）改善体育类国家精品开放课的视频内容，加强课程视频的后期制作。虽然体育类国家精品课程是十分优质的课程，但也存在一些有待完善的地方，例如，对视频内容的知识点进行展示，并且加入不同动作的示范画面。在视频的后期制作上，还有一些有待完善的地方。另外，在视频上还可以重点内容进行着重提示，使学生在遇到重点时可以集中注意力学习。

（4）开发体育类国家精品开放课程平台的多元化功能。体育类国家精品课程的平台还有一些有待调整的地方，在平台上可以增加一些答疑解惑的版面以及师生交流的模块。这样可以使学生在遇到不懂的问题时及时向教师咨询，并且学生之间也可以就视频观看的理解互相互探讨。另外，精品课程平台的开发者还需要设置一个建议模块，让使用这个平台的人有好的建议提交上去，从而使平台不断完善。

4. 改革教学方法手段

由于慕课是开放性很强的一种教学方式，因此慕课教学也有着比较多的选择性。慕课平台在网络上不受国界的限制，可以很好地将课程共享给世界各地的人，并且世界各地的人也可以将慕课视频上传到慕课平台，使得慕课平台上的课程资源越来越多。因此，教师可以从慕课平台上找到同一个知识点的很多个慕课视频，他们可以选择一些适合自己的慕课资源，从而分享给自己的学生。

教学方法对教学效果的影响非常大，为了保证教学效果，体育教师可以适当调整教学方法。教学方法使用恰当，可以充分激发起学生的学习兴趣，调动学生学习的积极性和主动性，从而使学生更好地将知识内化。慕课教学模式就是很好的一种教学方式，体育教学可以充分借鉴这种教学模式，从而提高体育教学的效果。

三、高校体育翻转课堂教学模式

（一）翻转课堂的本质

翻转课堂也可以叫作颠倒课堂、反转课堂。这里所说的"反转"主要是针对传统课堂教学而言的，翻转课堂是人们普遍接受的概念。随着翻转课堂定义的变化与完善，体现出教育教学研究者对翻转课堂研究的日渐深入。

第一，翻转课堂就是一种教学形态，由教师创作、录制教学视频，学生自己在课下观看视频，再在课上与教师进行交流，并完成教师布置的作业。此前，他们对于翻转课堂的表述大多基于其基本做法，比如学生晚上在家观看教学视频，第二天在教室完成作业，如果有问题就与同学讨论或者向教师求助。这种对翻转课堂的定义，主要是将翻转课堂教学与传统课堂教学相对比，由此突出其特征，帮助人们认识这一教学形式。

第二，翻转课堂是学生利用课前时间借助教师给出的教学资源，包括多媒体课件、视频材料等，自主完成课程的学习，然后再在课中与教师进行互动，一起阐释问题、探究问题，并且完成作业练习的一种教学模式。

第三，翻转学习改变了直接教学的空间，就是由群体空间转向了个体空间，使群体学习空间变得更具动态性与交互性，从而促进学生在学习过程中充分发挥自身的创造性与主动性，积极参与学科学习。

综上所述，翻转课堂是将原来需要在课堂上完成的知识传授提前到课前，再将原来需要在课后完成的知识内化放到课堂中完成。至于翻转课堂的教学资源、教学信息技术以及具体的教学组织方式等，都不属于翻转课堂的原始要求，它们都是在翻转课堂实践发展的过程中延伸、演化出来的部分。

翻转课堂的本质是赋予学生更多的自由，将传授知识的环节放在课前，是为了让学生自由选择适当的、舒适的学习方式，而将内化知识的环节放在课中，是为了让学生更多地、更有效地与教师及其他同学进行交流。

（二）高校体育教学翻转课堂模式的应用要点

1. 重视学生自主能力的培养

自主学习强调的是学生独立学习和独立思考的能力，有利于提高学生学习的主动性，有利于学生持续探索知识，更有利于学生的持续发展和终身学习。

翻转课堂作为信息技术迅速发展的产物，对学生的自主学习能力提出了更高的要求。学生自主学习能力的培养在翻转课堂教学模式的实施中起着不可替代的作用。

自主学习能力的培养应该注意四点：注重学习动机，抓住影响动机的因素，并对其进行干预，从而不断激活学生的学习动机；注重学生元认知发展，采用多种手段发展学生的元认知，并促进学生在这一方面的发展；重视学习策略的讲授，提高学生的认知能力，鼓励学生采用不同的认知策略；注重学生环境利用能力及其培养，良好的学习环境有利于学生的学习和能力的提高，教师应该注重学生这一方面能力的培养。

在体育课程教学中，教师首先应该意识到动机在学习中的重要性，并积极采取干预策略激活学生的内在动机，同时注重调动学生学习体育的积极性和主动性，其次，教师应该注重学生学习的策略，并采用不同的方式对其学习的策略进行指导，最后，教师要注重学习方法和技巧的传授，同时鼓励学生对自己进行科学、合理的评价。

具体到翻转课堂的实施中，教师应该注重学生学习体育的主动性，并采取多种方式来调动学生学习的积极性。例如，教师可以将学生课前观看视频的时间和次数进行统计，并将统计的结果融入期末成绩考核中，在课堂上通过提问、作业检查等方式来考查学生课前观看视频的情况，并将这一考查结果融入日常的学习评价中，对没有按时完成课前观看视频任务的学生，教师也需要采取一定的措施，并对这类学生学习的进度进行及时监督。

总之，利用多种方式来促进学生的主动学习是翻转课堂教学模式实施的关键。因此，教师应该根据学生的实际学习情况及任务完成的情况，选择恰当的策略，从而促进学生的主动学习。

2. 提高体育教师的能力和素养

教师是教育教学改革的重要保障，无论是体育教学改革还是其他形式的教育教学改革，都离不开教师的积极参与。翻转课堂作为一种新的教学模式，在实施过程中也离不开教师的参与。在翻转课堂教学中，教师扮演着不可替代的角色。例如，课前教学视频的制作、在线体育教育平台的构建、课堂教学氛围的营造，教学组织和管理、课后教学评价以及对学生具体学习情况的评价等都需要体育教师的积极参与。在翻转课堂影响下，这些教学内容也对体育教师提出了更高的要求。例如，教师的计算机操作能力、信息化教学能力、信息资源整合能力、教学组织能力、教学互动能力、教学评价能力等。要想在体育教学中有效实施翻转课堂教学模式，首先应该意识到体育教师在体育教学中扮演的重要角色，其次从多个方面提高教师的综合能力。

由于体育翻转课堂教学模式涉及的内容、范围更为广泛，涉及的工作也更为复杂，再加上每个教师的时间、精力等都是有限的，因此除了要提高体育教师的综合能力以外，还应该注重翻转课堂团队建设。随着教育教学改革的不断推进，教育教学改革也逐渐从精品课程建设向教学团队建设方面转移。翻转课堂的教学团队建设是翻转课堂在体育教学中实施的重要保障。它有利于缓解体育教师的压力，有利于培养体育教师的合作精神。同时，还有利于体育教师在教学团队中不断学习、不断吸收他人的经验，不断弥补自己的不足，从而能够在很大程度上提高体育教学的质量，促进体育教学目标的实现。

3. 加强在公共体育教学中的实践

目前，高校公共体育教学日益受到重视，将翻转课堂与高校公共体育教学相结合，将有利于实现高校公共体育教学的信息化教学，有利于促进高校公共体育教学的持续发展和改革创新。因此，探索和研究高校公共体育翻转课堂教学理论与实践，对高校公共体育教学理论研究和实践发展都具有不可忽视的意义。

高校公共体育翻转课堂教学理论和实践研究是一个十分复杂的过程，并不是朝夕之间就能完成的。为了更深入地研究高校公共体育翻转课堂教学理论与实践，体育教育工作者应该更新教育教学观念，意识到翻转课堂在高校公共体育教学中的重要性，并从多个维度研究高校公共体育翻转课堂教学理论，不断吸收前人的研究成果和实践经验。同时，体育教育工作者还应该根据体育教学改革的要求，不断提高自己的能力和水平，不断在公共体育教学中研究和探索，加强翻转课堂在公共体育教学中的理论与实践研究，真正实现翻转课堂与公共体育教学理论与实践的有效融合。

第四章 学校体育文化及其生态化建构

第一节 学校体育文化的特征与建设意义

"高校体育教学工作内容广泛，其中体育文化建设是新时期高校体育教学重要工作之一。"[①]在学校开展既有教育性、知识性，又有趣味性、竞争性的体育文化活动，不仅可以丰富学校体育活动的内容，激发学生参与健身锻炼的动力，提高身体素质，而且对深化学校教育改革和体育改革、建设健康向上的学校文化、全面提高育人质量、促进和谐校园建设等方面均具有深远的积极意义。

一、学校体育文化的特征

（一）客观性与主观性

从文化中延伸出来的学校体育文化拥有着一种独特的性质。因为学校是人类进行传播文明、养育人才的主要场地，学校内部的任何活动都拥有着十分明显的目的性，所以便造成了存在于学校体育文化中的主观意识得到显著提升，使该文化逐渐成了一个相比较于其他文化更加自主的文化体系，即能够根据学校的意志进行建构和选择。也正是因为其所具有的这种自主性，在一定程度上为学校体育文化增加了可控性，人们能够借助于学校内部的氛围塑造、奖励机制、积极引导、教育灌输、纪律约束等方式方法将学校体育文化局限于教育目的所能够实现的范围内。学校体育文化所具有的这一种特征说明了其作为一种文化形式，不会受到人为意识干扰而发生改变。除此之外，

[①] 李振军. 高校体育文化建设意义探讨与实践路径研究[J]. 当代体育科技，2020，10（11）：69-70.

学生对于学校体育文化本身并非只是一个适应者,而是能够积极参与其中的享受者。因此,学校在开展体育教育的过程中,一方面要重新构筑自己内部的体育文化氛围,另一方面要注重提升学生的身体素质、塑造健康的个性和人格。

(二)系统性与人文性

学校体育文化本身便是一个综合性的概念,并非只是单纯由几种简单的要素组合而成,其实际上是由各种形式内容、功能组合构筑而成的一种既特殊又复杂的社会文化系统。体育文化之中蕴含了学校体育思想、观念,可以说是社会文化系统在学校之中的折射,全体教师与学生没有一个会不受到来自这种文化氛围的影响,而且这种影响存在着显著的全面性和综合性,也正是因为这种特征,不仅使教师与学生的校园生活极其丰富多彩,而且对学校全体师生也发挥着潜移默化的作用。

在学校体育文化之中最显著的表现形式之一便是身体活动,因为,身体活动不仅能够在体育文化中强调人所具有的自然属性,同时又能够体现出人所具有的人文精神。"所谓人文精神,是一种精神文化,是人对人的关怀,是时代发展社会进步所不可或缺的特质,也是人类立足于社会生存之关键。"[①] 人的肢体语言不仅是人们最初的文化思想,也是彼此之间进行情感交流的道具,其中所蕴含的丰富内涵充分地体现出了人所具有的创造能力。学校体育文化之中所存在的肢体语言能够将人所具有的本能通过理性的方式表达出来。学校体育文化属性与学校文化属性之间存在着十分紧密的联系,其主要原因是,学校体育文化能够将本能的身体活动向人自身的发展进行引导,所以,身体活动不仅是学校体育精神文化的一种体现,还是学校体育文化恒久不变的一种特殊使命。学校体育文化从始至终所体现的便是一种特殊的人文精神,其所蕴涵的人文目标也是一种特殊的价值理念。

学校体育文化对学生所造成的影响存在一定的持久性,因此,借助于该文化体系所培养出来的优秀人才,在步入社会之后依旧会受到来自体育文化的影响。在优秀的学校体育文化环境之中茁壮成长的学生,当他们步入社会时,便会不断地对自己在学校中已经塑造的良好品质进行巩固,同时,当他们面

---

① 张斌峰. 试析高校体育教学中渗透体育人文精神的价值及途径 [J]. 当代体育科技, 2018, 8 (5): 77.

对特殊的文化环境时,也不会出现异化反应,而是对自己已经拥有的良好品质进行强化。所以说,学校体育文化对于人的一生都有着极其重要的影响。

(三)客观性与时代性

无论何种文化,都是在一定的时代背景下诞生的,因此,文化不仅能够从某种程度上反映出时代所具有的独特特点,而且其还会伴随着时代的改变而不断地更改自己的文化形态。对于学校而言,其终究无法脱离时空环境,同时,时空环境对于学生的生存与发展也起着十分重要的影响作用。对于学校体育文化而言,其所具有的内容与形式也均会受到来自时代的多种因素的制约。所以说,学校体育文化不仅存在着一定的客观性,也极其容易遭受来自时代的影响。

(四)连续性与继承性

学校体育文化与其他文化相同,均拥有着历史延续性的特征,正是因为这种特征,所以其能够在校园中形成传统与风气。学校体育传统和风气所指的便是一所学校在进行体育教学活动时所形成的一种独特的集体氛围,所展现的是全体教职工和学生所共同构建的独特文化。这种传统和风气属于一种社会文化现象,但是又存在着一定的区别。通常我们会认为,传统所指的多为纵向性的传承,风气则是横向性的传播。当风气能够长期存在时便能够转变为传统。学校体育文化开展与学校的体育传统以及体育风气之间存在密切的联系,所以,学校体育文化并不是能够在短时间内形成的,需要学校全体人员的长期努力。

(五)竞争性与共享性

体育运动的核心便是竞争,而体育所具有的竞争属性也是体育文化的重点内容以及最精彩的地方,倘若参与体育运动的人们之间不存在竞争关系,那么他们便很难拥有向前发展的动力。现代体育正处于不停创新以及改革时期,竞争性的存在便是该时期最为主要一个特征。学校体育不仅是一个最佳的具有竞争力的环境,同时也是培养学生良好竞争精神的最佳场地,科学合理的学校体育竞赛能够有效地对学生的竞争意识进行培养,使他们在学会如何去遵守规则,如何去尊重裁判的同时,磨炼自己的意志力和自信心。

学校体育文化又具有资源共享的特征,21世纪身为一个信息科技飞速发展的时代，网络时间中不仅存在着极其丰富的表演力，而且还拥有着交互性强、共享性好、知识信息量大等独特特点，发展至今已经成为人们日常生活中无法替代的内容。通过利用网络技术，世界上的所有人只要连通网络便能够知晓自己所想要获取的与体育相关联的各种知识信息，对于学校体育文化的共享而言，网络的存在为其开辟出了一条全新的道路。同时，校园内部所具有的体育设备、体育设施也能够为社会大众提供相应的公益服务。

（六）民族性和教育性

中国作为一个多民族的国家，存在着十分繁杂的民族传统文化，同时也正是因为这些繁杂的传统文化，为我国的传统体育增添了更加丰富的内容与形式。譬如，少数民族的摔跤、骑射等极其具有民族特色和地域特色的体育项目。借助于学校的传播，能够有效地实现民族传统运动项目的推广任务，同时还能够提升学生的民族意识，加强各个民族之间的情感交流，从而有效地促进各个民族之间的文化交融以及文化传播。

学校中所开展的教育活动都是为了一个最终的目的——培养适应时代发展的优秀人才，而学校体育文化作为学校教育的一个重要组成部分，也同样承担着培养优秀人才的重要责任。学校体育文化不光能够有效地在提升学生的身体素质水平的同时提升学生的健康水平，而且还能够培养学生优秀的意志品质以及不断奋进的拼搏精神等。学生借助于对体育活动的观看、欣赏等也是一种接受教育的过程，而这些过程则是学生难以从其他文化活动之中接触到的。

除上述特征之外，学校体育文化所具有的特征还拥有参与对象的广泛性、课余训练的精英性、课程的外延性、相对的独立性等多种特征。通过学校运动队的专业训练，能够将通过层层筛选的、部分拥有运动才能的青少年运动员输送到高水平运动队之中，因此，提升学生的运动水平，能够为我国的竞技体育提供众多优秀后备人才。通过在学校中开展体育文化活动可以有效地弥补学生在体育课程中的不足之处，而且学校体育活动相对于体育课程来讲，其拥有着极其明显的独立性，因为，它并非只是体育课程的外延形式，而是第二个体育文化课程。

二、学校体育文化的建设意义

"校园文化是否建设完备对于学生的身心发展来说有着至关重要的作用，

在校园文化中体育文化占据着重要的地位，相应地也对学生的成长和发展产生明显的作用。"①

（一）推动体育教学改革的重要途径

随着社会转型期的加速，体育改革也在不断深入，在这样的背景下，体育教育在学校中越来越受到重视，学生也更需要有益于身体健康的各种锻炼，体育教育为学校带来了勃勃生机。但是，目前学校体育工作还存在不足，缺乏整合效应，这大大影响了体育教育的育人功能，因此要加强学校的校园体育文化建设，以完善学校体育工作。

（二）实施素质教育的重要环节

素质教育包括德育、智育、美育、体育等内容，实施素质教育就要把这些内容统一起来，形成积极健康的校园体育文化氛围，这也是实现思想素质教育目标的必由之路。体育风气好的学校必然有良好的体育文化氛围，必然会结合学校的实际开展计划组织良好、目的性明确的训练和竞赛活动，也必然会有健康第一和终身体育的指导思想。这样的体育环境有利于每一个学生的身心健康，对学生身体素质乃至整体素质的发展都有十分重要的促进作用。良好的体育环境，一方面可以强壮学生的身体，另一方面还可以培养学生树立远大的目标，并为了这一目标坚韧不拔、不断进取、勇攀高峰。

（三）构建和谐校园的重要内容

学校体育文化的先进性表现在学术氛围浓厚、人际关系和谐、文化生活丰富、校园环境优良等方面。在文化建设中，师生和学校的员工既是建设的主体，是文化的创造者，也是建设的客体，是文化的接受者。因此，要建设良好的体育文化，就要对师生和各类员工进行积极引导，从道德观念、人生信仰、审美情趣等方面出发，建设健康向上的校园文化。好的校园文化会营造出和谐的校园环境，好的校园环境能够塑造人的心灵，陶冶人的情操，鼓励人们积极向上，催促人们努力奋进，此外，良好的体育文化环境能够让人们在实践中感受时代的文化熏陶。因此，应努力创设民主、宽松、活泼的体育教育环境，形成学生们独立自主、积极发挥主观能动性进行自我学习的学

---

① 云月. 关注学生全面发展构建学校体育文化氛围[J]. 汉字文化, 2019, (3): 135.

习氛围，使其养成自我教育和自律的习惯，提升学生的自我修养，塑造完善的人格，与同学、老师之间建立和谐的关系，互相尊重、团结友爱，全面促进学生的健康发展，建设文明校园，完成教书育人的重大使命。

（四）培养学生体育意识的重要手段

目前，学校的体育教学更重视对体育技能和知识的教授及训练，将体育与健身等同，认为体育就是通过身体活动技能达到锻炼身体的目的，而往往忽略了体育精神的培养。这样的理念既不能满足学生对体育的需求，也不能满足现代社会对人才的需要。为此，学校应该转变这种认识，营造一种独特的体育文化氛围，充分发挥体育的魅力与精神，将体育教育丰富的内涵展现出来。学生处在这样的氛围中，一定会被体育的魅力所感染，一部分人自觉加入体育锻炼的行列学习技能、接受磨炼，养成良好的习惯；另一部分人也必定在这样的熏陶下不自觉地培养出体育意识。

第二节　学校体育文化的建设方向

一、学校体育物质文化

"学校体育事业的高质量发展离不开体育文化的内在驱动力，学校体育文化作为理论与实践交融的集合，是振兴中国学校体育、建设体育强国的重要基石。"[1]学校体育物质文化是学校体育文化之中拥有外在形态的组成部分，所以其不仅是学校内部存在的、能够让人们触摸到的一种文化形态，还是学校内部体育文化得以生存与继续发展的物质基础。同时，它的存在又承载着校园体育文化，体现了其所具有的价值目标、审美意象等文化内涵。因此，体育物质文化能够潜移默化地对学生产生影响，使其受到来自体育文化的熏陶、启发以及感染，最终达成学校体育文化所具有的本质功能——育人。学校内部的体育物质文化主要表现于学校内部所拥有的体育物质文化环境之中。

---

[1] 赵宪恒. 学校体育文化价值取向及实践路径研究 [J]. 青少年体育，2022，（01）：29.

（一）学校体育物质文化的内容

1. 学校体育建筑

学校体育建筑作为一种物质载体，能够充分地反映出学校所具有的文化内涵以及文化心理，可以说其是以特殊的文化形式存在于校园内部。因此，学校中的体育建筑拥有着众多的文化内涵。

（1）由于学校体育建筑的独特设计能够体现出学校所拥有的个性以及特征，所以其在学校内部能够起到代表作用，不仅拥有着一定的文化品位，还能够借助于建筑物的形式来传递体育文化所具有的独特魅力，而这也正是体育建筑能够不断延续下去的主要原因之一。

（2）学校体育建筑能够显现出人们所具有的独特魅力，同时人们还可以借助于体育锻炼来收获到快乐。学校体育场馆建筑通过色彩、雕塑、壁画等形式多样的艺术形式，以及简洁明了的具有象征性的建筑词汇，对体育思想、体育精神、体育观念的物质化与形象化进行了诠释与注解。因此，我们可以得知体育建筑的存在其实是建筑艺术与体育精神、体育文化、教育文化之间融合之后所诞生的一种物化形式。

（3）学校体育建筑标志着学校的外在形象，它所体现的是学校所具有的号召力、吸引力以及综合实力，可以说是一个现代化学校所必须具备的建筑设施。学校体育场馆建筑相比较于其他的建筑而言，其所具有的独特功能以及独特魅力，使文明、开放、活力的文化特征更加鲜明地展现于世人面前，体育场馆建筑借助于体育建筑语言能够充分展现出学校教育文化和体育文化所具有的文化意蕴。学校体育建筑作为承载着体育文化的物质基础，其中蕴含着体育文化精神、体育文化观念、体育文化思想、体育文化心理、体育文化艺术、建筑文化艺术，而正是由于它们的存在才使学校所具有的教育属性变得更加完整。

2. 学校体育场地设施与器材

（1）运动场。校内的运动场涵盖田径场、排球场、篮球场、网球场、足球场、羽毛球场等运动场所。这些运动场所均为露天设施，能够为学生的使用提供便利，因此其便成为学生们进行体育锻炼的主要场地。由于每个地区的发展程度并不一致，所以不同地区的学校内部的体育场所也存在着很大的差异。经济发达的地区，学校内部的运动场所不仅普遍规模比较大，而建造时所消耗的金额也比较高，如篮球场、塑胶田径场、绿茵足球场、网球场等。

除此之外，不仅各种体育场地齐全而且配套设施也较为齐全，如比赛看台、风雨棚等设施。但是在经济发展水平相对落后的地区，学校内部的体育场所基本上都是由煤渣建造而成的跑道，或者是不符合国家标准的跑道，篮球场地以及排球场地多为水泥筑成。

（2）运动馆。在运动馆中包括篮球馆、乒乓球馆（房）、排球馆、游泳馆、艺术体操房、攀爬角、单杠双杠区等。建造一个运动馆所消耗的资金远高于建造一个运动场，而且，由于运动馆面向学生开放的时间有着一定的限制，所以学生在进行体育锻炼时便无法将其作为首要选择。但是由于运动馆是密闭的空间，所以它并不会受到来自自然天气的影响，而且场地质量也十分高，能够有效保障学生的人身安全，所以当学校在开展体育竞赛时多会选择在运动馆内进行。

（3）运动器材。以运动项目为依据来对体育器材进行分类，可将学校内部的体育器材划分为球类、体操类、田径类、健身类等。通常来讲，校内所拥有的体育器材与校内所设置的课程之间是互相匹配的。伴随时代的发展，人们对于体育锻炼的要求也在不断提升，因此，校内的体育器材一定要进行合理的配置。不仅器材的种类要做到齐全，而且数量和质量方面也应当要符合一定的标准，这是学生在校内开展体育锻炼活动、参与体育竞赛等最根本的物质基础。

（4）其他体育物质形态。学校中其他的体育物质形态主要包括体育雕塑以及体育壁画等。虽然从外表来看对于学生的体育锻炼并没有什么实际意义，但是它们的存在能够在学校中营造出一种和谐的文化氛围，能够有效调动学生体育锻炼的积极性。譬如，体育雕塑以及体育壁画能够通过其外观给予学生最直接的体育认知，使学生见到体育雕塑时便会联想起与其相关联的体育故事，便会在心底里产生对于体育锻炼的兴趣。

3. 学校体育文化传播设施

体育文化传播设施是整个体育文化不可或缺的重要内容，它的存在不仅为体育文化的传播提供了物质载体，还能够对全体教职工和学生的思想观念、行为的形成起到十分重要的作用。特别是现在这个信息科技不断发展的时代，学生接受知识的途径已经不再单纯地依靠教师的讲授，其能够从学校之外的多种途径得知自己所想知道的知识信息。现代强大的传播媒介已成为学生获取信息的主要渠道，面对这种情形，理应加强对校内内部的文化传播设施的建设与管理,对学生获取信息的途径进行筛选,使其能够健康地成长为适应时代发展的优秀人才。

学校中的体育文化传播设施主要包括校园网、广播、报刊、图书室、电子阅览室等。由于电视这一文化传播工具集声音、图像、文字于一体,因此相比较于其他的文化传播工具能够更加直观、形象地将内容传播出来,从而获得了广大师生的喜爱,成为展现校园文化的一种最佳方式。同时,学校的广播电台同样也是一种高效率的文化传播工具,它的优势是能够快速地将内容向校内师生进行传播,迅速地营造出一种炽热的传播氛围。

学校内部除了各种拥有声音和图像的传播工具之外,还拥有以文字为主的传播工具,如体育报刊等。体育报刊的存在能够帮助学校中的全体教职工以及学生知晓体育时事、掌握体育知识,能够有效地拓宽学生的知识面。体育图书馆、图书室的公共场所,也同样能够为体育文化的传播起到重要的作用。

(二)学校体育物质文化的建设策略

1. 合理布局校园体育场馆,优化体育文化环境

对于国内大部分学校而言,校内体育运动场以及体育场馆拥有着非常重要的作用和意义,因为其不仅是学生和学校全体教职工在校园中进行锻炼、休闲娱乐的主要场所,还能够充分地展现出学校所拥有的物质文化。现阶段,由于各大学校不断地扩招,为学校的体育设施增添了无形的压力,因此,我国大部分学校也逐渐开始增加了体育教育方面的资金占比,在改善学生的学习环境的同时,也满足了体育教学与体育训练的需要。所以,体育场馆和基础设施的构建在校园建设中属于十分重要的内容。这便强调了学校在进行运动场馆布局时,要尽最大可能地将其合理划分,使其能够和校园环境对照起来。因此,从某种意义上来讲,既科学又合理的场馆布局不仅能够有效发挥出其所蕴含的具体价值,还能够体现校园环境的整体协调性。

2. 精心设计体育人文景观,提升学校体育物质文化品位

在整个文化环境的构建过程中,物质文化最为基础,精神文化是以物质文化为基础向上发展的,反过来,精神文化能够反作用于物质文化之中,这种反作用有着一定的指导作用。根据建设学校体育文化的需要,适当地在校园内部开发与体育文化相关的人文景观,不仅能够进一步丰富学校内部的体育物质文化,还能够潜移默化地对学生产生一定的影响。由于不同的学校各

自拥有着各自的办学理念、办学历史、办学方式、办学区域，所以，每一所学校内部所拥有的体育文化也都是各式各样的。借助于构建学校内部的体育人文景观，能够有效提升学校体育物质文化的品位。

二、学校体育制度文化

学校体育制度是由教育部、国家体育总局以及相关机构和社会体育组织共同制定，并且在学校内部实施的较为稳定的各种制度以及办法的总称。我国学校体育制度的构建是以我国社会制度、文化、经济、教育水平等为基础，从实际出发，按照不同的历史、社会、教育阶段慢慢建立、完善和发展起来的。

学校体育制度文化主要指学校中特有的体育管理条例、体育规章制度、学校领导体制、学校体育组织、学校体育政策、学校体育机制、体育检查评比标准，以及各种体育社团和体育文化组织机构及其体育职能范围等。它是学校能够正常开展体育文化活动的基础条件和重要保障。

学校体育制度文化还包含有体育价值观、体育信念、体育态度及体育行为方式等，体现着社会对于学校在体育方面所提出的正式要求，主要借助于国家正式文件的形式展现在世人面前。

学校体育制度文化建设主要包括以下途径：

（一）健全学校体育规章制度

体育规章制度是以学校的实际情况为基础，并与国家相关法律法规结合而成的，其主要作用是确保学校体育活动顺利开展。构建学校体育规章制度，不仅能够使国家相关体育法律法规中所规定的体育教学任务、训练与竞赛、群众体育活动等顺利开展，还能对我国的传统体育文化起到宣传与继承作用，令各学校所具有的学校体育文化拥有属于自己的独特色彩，潜移默化地对学生产生影响。总而言之，我国学校在构建体育规章制度时，必须要与自身的体育实践紧密结合，从而真正地解决学校体育教学中所存在的问题，对学生以及教职工人员的体育行为进行规范，为学校体育指明发展的道路。

（二）学校体育制度人性化发展

学校对体育规章制度进行构建的主要目的便是为学校体育提供更好的服务。因此，从本质上来讲，学校体育文化作为一种人文形态，能够充分地体现出文化中所具有的人文精神、人文目标以及人文价值理念。因此，学校体育文化蕴含了既深刻又内涵丰富的人文精神。

由于开展学校体育文化活动的核心目的是"育人",因此为了促进学生的全面发展,使其能够形成正确的世界观、人生观、价值观以及方法论,将学校体育文化与学校教育有机结合,从而对全体师生产生潜移默化的影响。

学校体育中规章制度的存在便是为了充分地体现出人性化特点,以教育为基础,培养学生的意志力以及团结协作精神,提升学生的体育文化素养,使学生能够在进行体育活动的过程中受到相应的教育,从而更深入地理解成功的意义。

除此之外,处理好学校体育支援的公益性服务与学校体育产业化之间的关系,纠正在将学校体育文化进行产业化时所产生的误区,对于学校体育制度的人性化建设也拥有着极其重要的影响和意义,因此,我们需要将其当作重点关注的对象。

(三)发挥学校体育文化部门职能

目前,我国学校体育所施行的是由教育行政部门和体育行政部门共同管理的机制,这在一定程度上体现出了体育教育的双重性特点。同样,学校之中与体育相关的多个部门也均对学校体育文化的构建起到十分重要的管理作用。但是,在学校中有很多相关部门并未能清楚地对自己的职能进行划分,导致学校内部的体育文化管理工作陷入了极其混乱的局面,不仅工作效率不高,而且还严重阻碍了学校体育文化的进一步发展。因此,既科学又合理的组织、管理体系,对于学校体育文化而言是一项极其重要的保障。

一般情况下,我们可以将学校体育文化组织、管理体系划分为两个层次:首先是为了满足学校体育文化的发展需要所构建的专项部门,该部门的主要由多个相关的部门共同构筑而成,其中校体育运动委员会便是众多部门中最为典型的例子;其次是由拥有共同喜好、兴趣以及追求的学生,自发进行组建而成的体育社团,其中最为典型的便是由学生构建的学生体育协会。这些部门的构建均以学校体育文化所具有的功能以及特点作为基础,结合一定的知识性、专业性以及娱乐性,将自发与指导进行统一。学校内部的相关职能部门应当将学校体育文化的构建当作一个重点关注的对象,其具体可从以下两分面入手:

一方面,从总体上出发,对学校体育文化进行科学的设计,同时在对相关部门所具有的职能进行分工的基础之上,进行指导与落实。在开展学校体育文化活动的过程中，我们需要遵循教育性和创造性原则，充分展现出学校体育文化所具有的独特魅力。并且根据学校内部的实际情况构建起一支优秀的专业团队，给予校园体育活动的开展有力的保障。

另一方面，对学生体育社团的构建给予相应的支持与引导。由于大学生体育社团本身拥有着十分明显的影响力以及广泛的群众基础，所以，其在组织的过程中便拥有着独特的优势，而这一优势对于学生构建共同的目标和价值追求有着十分重要的作用。

除此之外，在对学生体育社团进行构建的过程中，需要安排相关教师对其进行合理的引导，增强管理，制定社团的宗旨以及章程，构建民主、平等的人际关系，积极开展相应的社团活动，充分调动学生学习的积极性。

三、学校体育精神文化

（一）学校体育精神文化的内容

1. 公平竞争精神

学校培养学生的方向源自社会的需求。在目前的市场经济体制下，竞争便是最明显的社会表现形式。学校体育精神能够体现出公平竞争的精神。学校体育精神虽然给体育精神加上一个特殊的学校体育环境，但是，公平竞争精神的本质并没有发生改变。学校体育竞赛的基本原则便是公平、公正、公开，在此原则下任何一个人都能够公平地参与到比赛之中，每一个参赛的选手都能够享受到公平的氛围，从而使学生逐渐在学习体育的过程中养成公平竞争的意识。公正、诚实便是道德的最底线，服从规则便是体育制度的基本要求。体育竞赛的本质便是人类对于体育道德的追求以及法律面前人人平等美好向往。

体育竞技的前提是公平、公正、公开，因为竞争本身并非无序和盲目。目前，现代社会的发展仅凭借道德的力量尚不足以维持公平的竞争秩序，因此，便要求体育竞争拥有极其严格的规章制度，任何参加比赛的人员都具有平等的权利，不仅每一项体育竞赛都拥有既细致又严格的评判标准，而且比赛场地以及比赛器材也拥有统一的要求，所以，体育竞赛是双方处于相同的条件下所展开的技术、战术、体能、智慧、心理素质的综合比拼，只有这样才能够体现出人所具有的尊重以及人人平等的体育价值观。对运动员而言，在参赛的过程中需要服从赛场的规则，在竞赛的过程中要服从裁判员的裁判，这不仅是体育制度的要求，还是文明的一种表现形式。体育身为一种教育，其最主要的功能可能并非如何鼓励人们去获取最终的胜利，而是如何能够正确地对待比赛，如何才能尊重自己的对手。

2. 顽强拼搏精神

在现代社会中，顽强拼搏精神是必不可少的。在竞争激烈的社会中，要想完成一件事情，必须付出相应的努力，就像在求学过程中，我们要不断地面对各种难题一样。学校体育中所弘扬的顽强拼搏精神，能够培养学生形成坚强意志以及良好的心理素质。体育的魅力所在便是竞争，其灵魂便是顽强拼搏、积极进取。竞争是体育运动的基本形式，人们在体育竞争的过程中不断挑战自我极限，不断地超越自己、超越他人。在学校体育教学中，竞技体育的存在能够培养学生的忠诚、勇气以及团结合作精神，能够引导学生就算是面对困难，也不要轻言放弃，要尽到自己最大的努力，同时又要懂得自我控制，遵守规则，公平竞争，保持荣誉和尊严。

3. 爱国主义与集体主义精神

爱国主义与集体主义精神始终是我国精神文明建设的主旋律，学校体育活动作为学校文化建设的重要环节，向学生弘扬我国精神文明的主旋律是不可或缺的一项重要任务。学校体育精神提倡结合个性的弘扬以及集体的配合。为了能够达成共同的目标，学生一方面需要展现出自己的独特魅力，另一方面又需要与同伴团结互助，这里所展现的便是所谓的集体主义精神。同时，学校体育活动中所组织的升国旗、奏国歌、观看国家的体育竞赛等本身便是一种爱国教育。学生身为建设祖国的后备力量，每一名学生都应当拥有爱国主义精神和集体主义精神。因此，无论是现在还是未来，爱国主义、集体主义精神终究都是学校体育精神的重要内容。体育竞赛的举办不仅能够有效地建立同学之间、师生之间、班级之间的情感，还能够有效地提升班级间的凝聚力以及团队精神，培养学生的集体荣誉感。

4. 开放创新精神

素质教育培养重点便是学生的创新精神以及实践能力，学校体育所具有的文化环境对学生创新能力的培养有着一定的促进作用。因为，体育文化与其他的文化活动相比，能够为学生提供更加宽广的发展空间。学生为了获得最终的胜利，便会不断地对体育内容进行创新，不断地去研究全新的能够战胜对手的战术，在该过程中学生所收获到的便是一种创新精神。

5. 体育道德精神

当学生进入学校后，便开始接受由学校所传授的全新知识。学生最初的体育知识，则是在体育游戏中获取的，然后再随着学生学识水平的不断提升，其对于体育精神也有了全新的认知。除此之外，学生还需要在学习体育知识的过程中不断地参与到实践活动之中，逐渐学会如何才能借助于体育来进行沟通，学会了如何才能够尊重对手，体会到了友谊第一、比赛第二的体育精神。因此，我们可以得知人们体育道德精神的养成是从学校阶段开始的，这是因为学校体育的存在为体育道德精神的培养提供了一个良好的生存空间。

（1）理想主义精神。理想主义精神指的是为了以强身健体、报效祖国为核心目标而不断拼搏的奋斗精神。只有当一个人拥有了为实现自己的理想而风险的崇高精神，才能够获得真实的责任感和使命感。这也是学校体育精神所不断追寻的至高境界。

（2）科学理性精神。学校体育精神中的科学理性精神主要体现在两个方面。第一，对于真理的努力追求，即对于客观事物的探索精神以及不盲从、不轻信、不迷信的精神。第二，追寻体育精神与人文精神的和谐统一，既时刻关注社会的发展形势，又时刻注重人类的生存命运；既追寻体育科学的脚步，又追寻人性完美的人文理想。只有同时具有科学精神和人文理想的人，才能够真正地成为时代意义上完整的人。

（3）不轻易放弃的竞争精神。竞争存在于现代社会的任何角落。不仅学生升学过程中存在着竞争，而且当他们步入社会之后也存在着竞争。因此，我们可以得知竞争观已与生活融为了一体，无法将二者进行分割。将竞争精神划入学校体育精神教育之中，对于培养学生的竞争意识有着十分重要的意义，能够有效帮助学生尽快地适应现在这个任何地方都存在着竞争关系的时代。学校体育中竞争精神的培养主要体现在以下两个方面：

第一，组织多样化的体育比赛，激励学生大胆地展现出自己所拥有的体育技能水平，培养学生勇于拼搏、不怕输、不服输的良好精神。

第二，集中力量向学生传播奥林匹克精神，尤其要对存在于奥林匹克运动场上的勇于拼搏，敢于挑战强大对手的运动员或者运动队伍进行宣传，鼓励学生能够在遭遇到困难时同样勇于挑战，从而在学校中塑造出一种健康的竞争氛围。

（4）意志品质磨炼。意志品质指的是一个人所具有的果断性、自制力以及勇敢的拼搏精神等。在意志品质方面，学生所具有的独立意识以及自觉性有着显著提升，其能够对自己行动所具有的目的性以及社会意义拥有一个比较清楚的认知。而在果断性、自制力等方面由于每一个个体都存在着一定的差异，所以其在这方面的意识品质便存在着十分严重的不稳定性。因此，要充分发挥体育运动所具有的竞技特点，培养学生顽强的意志品质以及拼搏精神。在体育运动中，艰苦锻炼、顽强拼搏和超越自我的境界便是磨炼意志力的最好方法。一时的失败与受挫并不能够代表未来依旧会遭遇失败，遭遇失败后，我们依旧要选择进行对抗，终究会有一天，失败会化身为迈向成功的通道。

（5）团队意识。社会竞争十分重视集体的力量。在体育活动中，人与人之间需要频繁地进行交往，不管是由集体所进行的项目还是由个人所进行的项目，所有的训练都无法脱离集体的团结互助。在比赛的过程中，要想获得最终的胜利，不仅要充分地展现出个人所具有的作用，还需要借助于集体的力量以及智慧。对于学生而言，在进行体育学习以及体育竞赛的过程中，不仅可以获得来自集体的要求，还能够感受到完成布置的锻炼任务或者是获得了一定的优秀成绩时所依靠的来自集体的力量。因此，学校体育精神教育应当增强对于学生集体协作精神的培养。它不仅能够有效提升教学过程中的组织性，维持教学秩序，还能够增强学生之间的团结协作精神，使学生之间能够团结互助，共同进步。除此之外，在开展体育竞赛的过程中，需要培养参赛人员的团队意识，使团队内部的所有成员始终以集体的荣誉为最终目标，因为，在体育竞赛中只有拥有了良好的团结意识才能够获得最终的胜利。

（6）遵纪守法精神。在我国，任何组织与个人都不具备越过宪法和法律的特殊权利，每一个公民的责任和义务便是遵守纪律和法规。裁判规则在体育竞赛中，便是社会中法律法规的缩小版。学生在参与体育竞赛时必须遵循体育竞赛的相关规定，倘若出现违规现象，则需要受到相应的惩罚。体育中所蕴含的遵纪守法精神能够有效提升学生对于社会制度的理解与认知，从而进一步提升其所具有的自控能力，改正由于情感波动导致的不良行为习惯，形成遵纪守法的良好习惯。因此，在开展体育教学的过程，体育教师以及相关人员需要着重培养学生的遵纪守法精神，教导他们在进行竞赛的过程中要遵循相关的竞赛规则，尊重裁判员的裁判，尊重自己的对手；在日常生活中，遵守国家宪法和法律以及学习法律。

（二）学校体育精神文化的建设策略

1. 营造的体育文化氛围

体育精神作为一种特殊的社会文化，能够对人产生潜移默化的影响。体育精神对学生所产生的影响不仅体现在体育课上，还能够对学生的日常生活产生一定的影响。对于学生来讲，身处于一定的体育文化环境中，能够有效激发学生进行体育锻炼的主动性，提升他们对于体育的热爱之情，让学生能够在进行体育锻炼的过程中收获到情感与精神的进一步深化，从而实现文化教育的最终目的。当学生在进行体育锻炼的过程，感受到了该理念所蕴含着的精神实质时，便为体育精神的传递和培养提供最佳的时机。

2. 将体育精神内化为自觉行为

在美国当代教育家布卢姆所提出的教育目标分类法中将其划分为三个层次，即认知、情感、动作。最高的教育目标便是将体育活动视为人的价值体现，体育精神便是借助于体育活动的形式将精神转变为人所拥有的情感，对人的行动进行指导，成为人的精神支柱，因此，体育教育的方法也需要进行完善，通过开展体育教学活动来充分地激发出学生对于体育学习的热情，使学生能够借助体育运动来深入地感悟生活。从目前来看，体育精神主要是体现在体育活动之中，所以由学校举办的运动会、社团活动等，均能够为学生提供一个进行强身健体的场所。但是，体育精神并不是只能够依靠体育活动才能够展现出来。随着科技的进步，人们慢慢地便离不开即时的通信工具，如微信、QQ、微博等，学生花在虚拟的网络空间的时间越来越多，但是若我们能够合理地使用这些通信工具则能够有效地促进学生将体育精神内化为自己的意识，如微博中构建体育专栏、植入健康生活的理念等。

3. 将体育精神纳入校园文化建设体系

在我国整体教育体系中，体育的地位是最低的，由于大部分家长受到了来自传统观念的刻板印象，导致一谈及体育，就只会单纯地认为其主要目的便是锻炼学生的身体素质，而不会认为学生能够在体育方面获得一定的成就，更不会认为体育能够对学生的精神产生何种影响。不过，在西方国家中，中产阶级的家庭在培养孩子的过程中，便有着体育方面的教育，因为他们对孩子所开展的体育教育存在一定的目的性，他们希望能够借助于体育教育来培养孩子的竞争意识，使他们能够拥有面对困难的信心与勇气。

学校是一个培养学生的场所，体育精神对于学生健康心态的培养、正确校园文化的形成均有着十分显著的作用，但是由于体育精神属于长期性的教育活动，无法做到速成，需要学校在建设校园文化时便将体育精神融入其中，只有这样才能够形成一个健康和谐的校园文化环境。

第三节　学校体育文化体系的建设与发展

一、学校体育文化体系建设的原则

在学校体育文化建设过程中，需要遵循一定的原则，以此来保证学校体育文化建设的正确方向。具体来说，应该遵循的基本原则主要有以下方面：

（一）协调性

学校体育文化建设是一个系统工程，有着很多构成因素，要想保证其建设的顺利进行，就必须让各种因素协调发展。具体来说，要做好两个方面的协调工作：①做好课堂教育与非课堂教育之间的协调工作；②做好"软"与"硬"的协调工作，具体来说就是体育场地、器材、体育师资、体育组织等硬件建设，与体育精神、体育制度、体育观念等软件建设之间的协调。

（二）客观性

时代不断更迭发展，会有很多产物，学校体育文化就是其中的一个重要方面，因此可以说，它有实质性的内容，如物质设施、学生主体、管理制度等，不是一个空虚的文化概念。这些都是客观存在的，而对客观存在的东西，我们不能以主观的臆断作为标准，要以客观的眼光进行观察。因此，在教学过程中必须结合学生的客观事实进行不同教育。总地来说，学校体育文化建设必须以客观事实为主要依据。

（三）以人为本

学校体育文化的主体是学生。学生不仅是创造者，也是体现者，更是未来祖国建设的主力军。因此，这就要求学校体育文化建设在素质教育的基础上，将德、智、体全面发展的综合性人才作为重点培养的目标，让学生在学校得到充分锻炼，对体育观念、体育精神、体育价值、体育道德有一个正确的认识，并把"公平、公正、公开"的体育原则、"更高、更快、更强"的体育精神融入平时的生活和学习当中。同时，学生还是一个社会体育的传播者，因此，这就要求其自身的体育组织能力要不断得以强化，从而更好地为社会全民体育健身服务。因此，在将学生这一学校体育文化的主体确定下来之后，就要求学校组织的体育活动要以学生为核心，对学生的需求加以了解，这样的体育组织活动才是有意义的，其文化形态也是具有一定生存价值的。

（四）与时俱进

各个时代的特征，往往是从其文化形态上得到体现的，同时，也取决于文化形态。不管是表面的形态上，还是内在的实质上，都要与社会发展相适应。随着社会经济的发展，社会在不断地进步，现代经济、科技、生活日新月异，人们对体育的要求也不断地改变。当前，全民健身的热潮已经取代了之前对某个运动项目的追捧，人们对精神文化的追求越来越高，这与之前人们单纯的物质追求也有了较大的差别。在这样的大背景下，作为社会亚文化的学校体育文化，必须随着社会需要而转移建设方向，与社会同步发展，才能更好地与现代社会相适应，为社会提供更好的服务。

二、学校体育文化体系建设的要求

在进行学校体育文化建设时，仅仅遵循基本原则是不够的，还要做好相应的基本工作，这样才能保证学校体育文化建设的顺利实施。

（一）保证实用性和安全性

由于大多数的学习，其场地、设施等都存在着紧张的情况，因此在设计时，实用性就成为首先要考虑的重要方面，应尽可能使学生体育运动需求得到最大限度的满足。

健康体育，所追求的就是健康，因此，安全是需要强调的重要方面。在学校体育活动中，事故的出现与这一理念是相违背的。因此，这就要求在学校体育物质文化建设时要特别强调安全性，要对体育场地、体育器材等进行经常性检查，消除存在的各种安全隐患。

（二）保证组织的多样性

学校体育文化建设要与时代发展的要求相适应，这是根本要求。但是，实际情况则是，如今学校体育文化根本不能使时代的需求得到较好的满足。当前，学校体育活动多样性、内容健康性、娱乐性已经成为学校体育文化发展的必然趋势。鉴于此，就要求学校体育文化建设必须走多元化道路。组织形式必须突出多样性，给学生更多的选择空间。此外，还要建立起一个多元化的组织模式，从而使学校体育活动的覆盖面有所增加，进而吸引更多的学生参与到体育锻炼中来。另外，组织形式的多样性也能够将学校体育文化健康性、娱乐性凸显出来。

（三）保证健康性和娱乐性

在学校体育文化建设中，"健康第一"是非常重要的一个理念。因此，良好的体育锻炼环境是非常重要且必要的，健康的体育意识也不可或缺，这就要求在学校体育文化建设过程中，要加大对学生树立体育意识的宣传，帮助学生树立正确的体育观、人生观，让体育精神深入学生的生活行为当中去。

学生对于枯燥的学校学习生活，往往会产生焦虑和疲劳的不良精神状态。长此以往，学生的心理发育就会出现很多问题，不利于学生身体发育和学习。而学校体育文化的娱乐性是学生身心得到放松的最佳途径。丰富多彩的娱乐项目，能够使学生获得精神愉悦和自由，保持乐观的情绪，暂时忘掉学习上的烦恼和焦虑，让学生在一个松弛有度的学校生活环境中健康成长。

（四）体育建设要持之以恒

学生要想熟练掌握体育锻炼技术，不断提升体育意识，就必须长期不懈地进行体育运动锻炼，因为这并不是一时半会就能做到的。学校体育文化氛围的创设、健康发展道路的探索也是在历史的进程中逐渐实现的。另外，学校体育文化建设中所出现的问题永远贯穿学校体育文化建设的全过程，而且这些问题往往带有时代的因素。因此，学校体育文化建设必须做到持之以恒。

三、学校体育文化体系建设与发展的对策

对体育文化的现状与发展困境，需要积极面对、开拓进取、主动创新学校体育文化的发展道路，让体育文化在推动学生运动技能水平提高、体格健康的同时也能起到原有的育人作用。具体措施如下：

（一）深化课堂教学

体育课堂作为学生参与体育学习的主要阵地发挥着巨大的作用，因此，课堂教学在学校体育中处于中心地位，是学校体育文化构建与传播的根本途径。上体育课时，应深化体育教学改革，树立以学生学习、运动为主的观念，对于保持学生参加体育锻炼的积极性、培养学生良好的运动习惯有着积极作用。所以，提高体育课堂教学质量，是学生习得体育技能和增加体能不可缺少的途径，更是建设学校体育文化的基础。学校要全面规划学年和学期教学计划，突破课时教学以实行学分教学，突破年级教学以实行选项教学，突破班级和年级局限以推进以俱乐部为载体开展体育教育方式。

第一，强化学生体育锻炼意识，并在体育教学期间通过采用多元化途径向学生传授体育知识，提升其体育理论知识。

第二，学校在推进学校体育精神文化建设时，要时时关注学生，在其需要帮助时及时有效地提供帮助，引领学生寻找到正确的学习动力。在开展社团活动、课程教学、体育运动以及专题讲座时，教师要定期对学生进行精神以及思想上的指导，让他们在学习时建立起正确的学习方式，并且清楚了解自己的学习目的，增强他们对于体育课程、竞赛以及活动的理解，从而让他们在学习中获得更充分的成长。

（二）丰富课外体育活动形式

多样化的课外体育是构建大学体育文化不可或缺的重要组成部分。课外运动是体育教学的延伸，是学生拓展兴趣和展示自我的平台。通过多种途径参加课外体育活动，可以有效提高大学生的体育精神、拼搏品质、兴趣、价值观念、组织、管理、协调等素质。通过举办校、院、系运动会和体育文化节等形式多样、生动活泼的活动，充实广大师生的业余生活。学生会、体育部等学校学生工作部门或学生组织还可以通过举办各种形式的运动竞赛，组织各种形式的体育知识竞赛，丰富学校的体育文化。

通过开展课外活动，使学生自觉养成体育锻炼的好习惯，并培养其终身体育的意识，已经成为学校体育课程的终极目的。拓展学生体育课外活动的方式主要有以下三种：

1. 逐步建立课余体育运动社团

体育运动社团是指广大学生自发参加、以健身和娱乐为主要目标的团体。

它的实施能使学生对运动的兴趣和体育锻炼的自觉意识得到提高,并改善学校体育场地及设备使用情况。另外,体育运动社团能产生一种无形的凝聚力,带来许多益处,各利益相关方也能共同努力,协助同学互相交流,激发同学的学习热情,让他们参与到运动和行动中去。通过提高学生体育参与和锻炼等方面的认识,可以促进学生养成参与体育运动的行为习惯。

2. 开展体育文化节

体育文化节是一种以体育和健康为主要内容,以学校全体教师和学生为主体,集竞技、健身、娱乐于一体的课外体育活动。通过举办体育文化节,可以拓展学生参与体育活动的时间、内容和形式。以健身、娱乐、教育为核心的竞赛、表演、讲座等多种形式,能大大激发学生的体育兴趣,提高他们参与体育的热情,增强他们的运动意识,使他们养成良好的体育运动习惯。

3. 建立专业体育运动队

专业体育运动队是课外体育的一个重要组成部分,专业运动队可以为具有体育特长的学生提供一个很好的舞台。专业体育运动队的好处很多:首先作为学校精神文明建设的窗口,可以提升学校形象;其次,它能够形成凝聚力,引起教师和学生的注意和评价。体育专业运动队的建立,既能增加学生的体育参与度,又能促进体育活动的发展。

(三)创立学校体育特色项目

创建体育特色项目是学校体育品牌文化的一条创新之路,有利于体育文化的形成与传播。为创建特色项目,可以结合学校自身的体育环境、体育教育专长、学生热衷的体育活动、学校规模、类型、办学条件和可开展的科研条件等因素,根据自身情况制定适当的措施,以开发具有鲜明特点的体育课程,这是学校体育文化升华的重要环节。每个学校在类型、办学条件、地理位置和师生构成上都不尽相同,不同学校要结合自身的特点来发展不同的学校体育,从而形成各自的特色和传统。一个具有鲜明特点的体育项目、运动队、体育俱乐部,往往可以吸引更多的学生。建立学校体育品牌,开展体育品牌的交流,既能提升学校的知名度,又能提升大学生的荣誉感和参与性,促进学校体育文化自我特色的发展。不仅如此,对于学生荣誉感的产生也有促进作用,并激励学生积极参加体育活动。

学校体育文化是学校文化的一个重要组成部分,是经过长期积累、选择和凝练而成的一种精神产物,对学校的人文氛围和文化氛围来说是不可或缺的一部分,它能滋润心灵,净化思想,提升心灵境界。学校体育文化具有内涵丰富、形式多样、建设途径多种多样等特点,必须不断探索新的学校体育文化建设模式和方法,构建学校体育教育评估体系,为学校体育教育的优化与提高提供理论基础和现实参考。

创新思维是当今时代的一个重要主题,同时也是学校体育文化不可或缺的重要内容,成为学生认知体育的关键保障。体育创新是指能够调动学生积极性、激发学生兴趣的活动。体育创新项目可以是传统的,将传统项目以学生的需要为核心来进行创新,也可以是新项目。以学生的实际需要为切入点,在体育教学中不断创新,既能保证体育活动的娱乐性和实用性,又能引起学生注意,促进学生有规律地进行体育锻炼,提高他们的体质,有利于建立规律锻炼好习惯的学生比例大大提高。从长期的角度来看,它不仅有利于学生的长期发展,而且有利于整个体育运动事业的发展。现代社会中的学校体育正面临着巨大的机遇和挑战,同时体育教学也面临着教育现代化提出的高要求。因此,各有关单位要深刻认识学校体育文化的重要意义,认真剖析当前学校体育文化的缺陷和问题,从而提出相应的解决办法,进而为学校师生营造一个良好的氛围,以保证学生的德智体美劳全面发展,实现国家体育强国的宏伟目标。

第四节 学校体育的生态化建构

一、体育生态系统的一般结构

结构是指系统要素间相对稳定的关联所形成的整体构架,是系统内部要素的构成方式。如细胞中包含细胞膜、细胞核、细胞质三大部分,它们按不同的方式组成世界上各种各样的细胞,研究细胞结构是生物学的基本内容。计算机是一种典型的人造系统,人们在组装和使用一台计算机时要了解它的软件和硬件结构,比如计算机硬件包括CPU、主板、硬盘、内存、显示卡、机箱、键盘、软驱等;一台多媒体计算机还包括光驱、声卡等。不同的配件,不同的组合方式(主要由主板的总线形式决定),计算机的功能就有很大区别。无论是宏观世界还是微观世界，一切系统总是以一定的结构形式存在着、运动着和变化着。

生态系统结构主要指系统中具有完整功能的自然组成部分。体育生态系统结构主要指构成体育生态系统诸要素及其量比关系，各组分在时间、空间上的分布，以及各组分能量、物质、信息流动的途径与传递关系。体育生态系统的结构，按时间维度来划分，可分为体育观念、体育动机、体育目标、体育实施（体育教学、体育锻炼、运动训练、运动竞赛、体育娱乐）和体育效果（身体的、心理的、社会的、道德的）等，而每一环节又有自己的过程要素，按年龄特征划分，有少儿体育、成年体育、老年体育等。

只有体育生态系统各要素之间保持合理的比例关系，体育生态系统内部要素与相应的环境之间保持合理的比例关系，如体育场馆设施布局对生态环境的影响，社会体育、体育教育与竞技体育的协调发展，竞技体育与社会体育在体育资源配置上的比例关系，城乡体育资源的合理配置，体育人口结构的合理构成，体育在不同地区的平衡发展，体育院校的专业设置与社会的体育需要合理比例关系等，才能既形成体育生态系统内部的良性循环，使系统内各要素发挥各自应有的功能，又形成体育生态系统与社会各子系统之间的良性循环，发挥体育生态系统在整个社会大系统中应有的功能。

（一）层次结构

世界是分层的，系统的结构也是分层的，生态系统的层次结构理论是基于 20 世纪 60 年代以来逐渐发展形成的层级理论而确立的有序结构体系。任何系统都属于一定的层级，并具有一定的时间和空间尺度。一个复杂的系统由相互关联的若干亚系统组成，各亚系统又是由各自的许多亚系统组成，以此类推，直到最低的层次。

层次划分的基础是事物间的某些共性，但具有相同共性的事物或元素不一定形成一个独立的层次，这说明它们所具有的共同特征必须是特殊的，反映问题或事物共同本质的特征。相同体重或身高的人，不一定构成社会的一个阶层。社会阶层总是按一定的社会分工、社会地位来进行划分的。体育生态系统层次是依据研究对象的范围进行划分的。

以体育生态系统作为研究对象，体育生态系统的层次结构可分为三个层面：宏观层面的体育生态系统，探讨体育生态系统与社会的政治生态系统、经济生态系统、教育生态系统、文化生态系统、军事生态系统等系统环境的相互关系或演化背景；中观层面的体育生态系统，探讨体育教育生态系统、竞技体育生态系统、大众体育生态系统、体育组织、一定地区的体育与体育生态系统和当地自然社会生态环境的关系；微观层面的体育生态系统，研究不同的体育运动参加者个体与其相对应的自然、社会或价值环境的关系。从这三个层面进行探讨，实际上昭示了构成整个体育生态系统的三个重要因素，即人、体育（活动）、环境。体育生态系统实际上正是由这三者构成的复合生态系统。

（二）营养结构

体育生态系统的营养结构是指体育生态系统中生产者、消费者、分解者之间以体育目标为纽带所形成的营养链，包括物质和能量流动的途径和量比关系，是体育生态系统中物质循环、能量流动和转化、信息传递的主要途径。

体育生态系统是一个开放的系统，与社会生态系统不断地进行物质与能量交换，与其环境相互作用。其营养路径是由社会生态系统输入人才，体育活动主体的人（人才）带着资金、物资及各种政策、规范和信息，经过生产者的生产过程、消费者的消费过程、分解者的分解、消耗、转化过程，体育生态系统输出产生作用于活动者自身（身体、心理、社会适应）以及社会的体育效果，这样就完成一次循环。同时该体育效果又可孕育新一轮循环，即上一次的体育效果是否达到体育活动主体的人的预期目的，达到产生新的体育目标进入又一轮循环，未达成则会为实现体育目标而引导主体的人进入又一轮循环，形成一个闭合的回路。体育生态系统不断循环、生生不息，从而实现体育生态系统向社会生态系统输出体育人才、改善全民素质、丰富人们精神文化生活的目标，提高人们生活质量。

体育生态系统是耗散结构系统，具有耗散性。个体的人和体育组织不断吸收并消耗能量。在体育社会系统中，人们从青少年或壮年时加入体育活动群体，到衰老时必然退出，这样的过程不断出现，产生新的循环，同时社会大系统还要不断向体育系统注入资金、物资及各种政策、规范和信息，以保持系统的相对有序，或者保证系统的稳定。

（三）时空形态结构

体育生态系统的时空形态结构指体育生态系统组成要素或体育形态在空间上和时间上的不同配置和分布变化特征。

生态系统的时间结构是生态系统中的物种组成、外貌、结构和功能等随时间的推移和环境因子的变化而呈现的各种时间格局，反映生态系统在时间上的动态。体育生态系统的空间结构是体育生态系统中的各要素、结构和功能等随时间的推移和政治经济、自然环境、风俗习惯等环境因子的变化而呈现出的时代格局。体育生态系统的演变，已烙下了深深的时代痕迹。20世纪60年代，随着科技的进步、经济的发展、物质产品的丰富和余暇时间的增加，人们开始关注和重视人类个体的发展，关注提高个体的生活质量，开始提倡大众体育，使体育生态系统形成体育教育生态系统、竞技体育生态系统、社会体育生态系统三个子系统的格局，体育生态系统的结构发生改变，功能也大大得到拓展。

现实中的体育实践是复杂多样的，体育生态系统的空间结构因环境的不同呈现区域的特色，表现了体育生态明显的水平结构特征，研究此结构特征有利于把握体育分布的格局。不同民族、不同国家、不同地区、不同组织、不同群体、不同个体所开展的体育活动，由于各自所处环境的不同而赋予其区域性的特色，就有了中国的传统武术、日本的相扑和空手道、法国的自行车、美国的篮球等。

二、体育生态系统服务

生态系统服务是指由自然系统的生境、物种、生物学状态、性质和生态过程所生产及其所维持的良好生活环境对人类的服务性能。体育生态系统作为社会生态系统的一个子系统，作为一种自觉改善自我身心和开发自身潜能的社会实践活动，通过提高人的身体素质、促进人的心理健康和社会适应而服务于人类，将直接、间接地影响全社会的可持续发展。体育生态服务是指体育生态系统的知识、观念、手段及过程所创造的物质和精神财富对人类的服务性能。体育生态服务的内容主要有以下方面：

（一）健身服务

体育在它的产生之初有使人强身健体的作用。在现代社会，体育已经起到越来越重要的作用。人类在改造自然、征服自然、走向现代化的过程中头脑越来越发达，越来越复杂，但肢体运动越来越少，人类机体的生物学能力在不断退化，结果造成人类自身的难题：文明病、肥胖症、精神高度紧张等疾病侵蚀着人类的有机体，威胁着人类的健康。体育恰好成为化解这些困扰的良方之一。人们通过参加体育活动强身健体，提高人体的适应能力，调节人的心理，促进个体心理健康，让人们重获健康，甚至促进人类的良性进化。

（二）休闲与娱乐服务

休闲、娱乐是人类行为中最能给人以自我满足的一个方面，也是人们在相对闲散的时间里自由、自愿进行的、使身心愉悦的活动。

体育为人类提供了一系列休闲、娱乐的内容和方式，从而体现了人的存在价值。体育休闲、体育娱乐在人类众多的娱乐形式中占有特殊的地位。一方面，这种休闲娱乐形式与人的自然属性紧密地联系在一起；另一方面，它又与人的社会属性密切相关。人们通过各种体育休闲娱乐活动不仅满足了机体进行运动的本能需要，在这种身体运动中获得愉悦，而且又能使个体在休闲、娱乐方式中与社会的其他个体愉快地交往，并在其中尝试人类与自然界的物质、能量和信息的转化成果，品味个中乐趣。

（三）文化传播服务

体育文化是特定社会的产物，反映了不同历史时期的社会形态，也不同程度地反映了社会的本质，从而为人们理解社会、研究社会提供了一把"钥匙"。体育作为一种人类文化，储存人类历代社会实践的经验、教训以及对这些经验教训的思考，是人类社会宝贵的社会财富。体育本身的存在和传播，就是人类文化的标本和播种，通过体育这个载体，客观上促进文化的传递。

体育，尤其是民族传统体育，往往以独特的方式起到桥梁和纽带的作用，将不同民族的文化传播到世界的各个角落，促进各民族文化的交流和融合，成为传播人类文化的载体和文明的使者。借助体育这个载体，使全世界的人们感受到不同文化的魅力，各民族的文化也如同长了翅膀，得以传播开来，为世界各国人民所欣赏和共享。不同国家、民族体育文化的碰撞和交融，促进了人类文化的融合和进步。

（四）提供"共谐"服务

为社会成员提供一种日常生活和体育活动的"共谐"感，使之在精神上得到某种稳定、和谐的感觉。现代体育的内涵早就超出了锻炼身体、增强体质的狭义理解和狭义范畴，已经成为现代人类必需的社会生活的重要内容，成为民族精神风貌和民族文化素质的反映，成为人们闲暇娱乐和审美享受的重要组成部分。

科技的进步、经济的发展、社会商品的极大丰富，人们余暇时间的体育生态论延长，客观上为体育开展创造了物质条件，社会成员的需要也随着环境的变化而变化。现代人重视提高个人生活的品质和质量，而体育带给人的，不仅仅是满足社会成员对自身自然的改造需要，更重要的是能满足个体的精神层次的需要，调适人们的精神生活，给人们营造一种和谐、健康、文明的个人生活和社会氛围，该作用和功效日益凸显出来。

三、学校体育文化生态化建构的策略

（一）强化学生对生态体育的常识教育

学校体育文化生态化过程中应合理利用各种自然因素，适量、科学、不拘形式地进行体育锻炼。生态体育倡导了一种健康的体育运动方式，没有固定的规则、程序，不需要标准的场地和成绩考核。生态体育要求学生科学地掌握体育运动常识和健康的生活方式，包括：体育锻炼、合理饮食、正确面对压力；理解并运用科学的运动常识，健康的生活方式，科学、健康的生活方式和体育锻炼方式。因此，学校应"构建生态体育课堂，以生为本，注重学生个性化，实现学生成长、学校教育、体育发展的和谐统一，践行终身体育教育，从根本上提高学生身体素质，坚持可持续发展"。[1]

生态体育强调运动过程中要注意运动方式的科学性，要避免复合运动或者负荷锻炼。生态体育认为应该借助科学的锻炼帮助身体减轻疲劳，帮助身体缓解神经紧张。例如，可以借助游泳、跑步、快走等方式恢复身体机能。除此之外，还可以使用相对放松的活动，比如说度假、旅游来为身体创造更加舒适的生活环境，以此来实现身体、大脑等方面的调节和放松。

生态体育认为人应该以健康的方式去生活，生态体育当中提到的健康生活方式指的是适当的体育锻炼、适当的饮食，以及保持良好的健康习惯。学校体育教学当中，生态体育理念的运用主要体现在让学生掌握基础体育知识、基础体育技能。在生态体育理念的影响下，学生将能够正确处理身体和生活、身体和工作之间的关系，将能够长久地持有健康意识，始终遵循生态体育思

---

[1] 邓昌亚，贺炜. 体育生态课堂的建构研究[J]. 青年与社会，2019（19）：73-74.

想的指导，正确地参与工作、参与锻炼。从这个角度来看，生态体育在一定程度上助推了学生的更好成长，转变了学生的生活方式，帮助学生养成了健康的生活习惯。学校在开展体育活动中，将体育文化和生态体育充分地结合之后，明显在体育教育活动当中收获了良好的体育教学效果。学校实现了提高大学生健康水平、引导大学生使用正确体育理念健康生活、健康发展的目标。

（二）加强体育基础设施生态化建设

第一，为生态体育活动的开展提供更多的基础设施。学校当中建立的体育设施大部分属于国有资产，学校体育设施因为国有资产的属性，所以，需要为社会公众的锻炼健身提供服务与支持。也就是说，对于学校来讲，体育场馆的建设必须以服务社会公众为基本思想、基本理念，体育场馆在建设过程中所开展的改革也需要遵循服务公众理念的指导。学校在开展生态体育基础设施建设过程中需要遵循市场发展的规律，需要突出体现为公众服务的目的，也就是说，学校应该承担自身在服务公众方面的基本职责。学校应该在体育设施建设方面投入更多的资金支持、人力支持，加强对体育场馆、体育设施的日常检查和维护，也就是说，学校应该更加强调对体育场馆、体育设施的管理，以此来保证生态体育发展需要可以得到有效满足。

第二，学校应该培养体育场馆工作人员，提升他们在管理方面的水平。学校体育场馆工作者除了要负责管理体育场馆的日常活动之外，还要维护体育场馆使用的与生态体育有关的设施。除此之外，还应该掌握修理技术，对出现问题的设备进行维修。从学校的角度来讲，加强工作人员的管理、提升工作人员的管理水平有助于体育设施长久稳定地发挥功能与作用，有助于设施更好地为体育活动提供服务。

第三，学校应该科学设置体育场馆的开放时间。学校提供生态体育基础设施是为了让体育专业更好地开展教学，除此之外，也是为了让学校当中的其他师生、工作人员更便利地开展体育活动，学校除了专门为体育专业的学生设置开放时间之外，也应该专门为其他人员设置开放时间。

第四，学校应该合理利用体育馆的室内训练场地。学校应该注重对场地功能的开发，应该注重生态体育基础设施的合理运用，在条件允许的情况下，应该尽可能地让一个基础设施为多个体育项目提供支持与服务。此种做法可以让体育基础设施以及体育场地充分发挥作用。

第五，学校应该注重生态体育基础设施在寒、暑假的利用率。学校应该专门制订"假期体育活动计划",提高生态体育基本设施在假期期间的利用率。学校可以借助体育基础设施服务的提供,在假期期间有偿经营体育馆。学校的此种做法不仅为更多热爱体育运动的爱好者提供了更好的服务环境,也为自身的发展获得了一定的经济回报,学校可以利用经济收入为体育馆的发展提供更多的设施支持。

(三)提升学校学生生态体育的意愿

学校在发展过程当中之所以在校园内建设体育文化,是为了更好地培养当代学生养成较好的体育习惯、体育素养,学校希望通过体育文化的建设让大学生形成终身体育意识,让大学生意识到体育和生态文化发展之间也存在必然关联。高效建设校园体育文化有助于学生形成正确的人生观、价值观,学校体育文化的建设也在其他方面助推了其他文化的更好发展。学校体育文化强调文化建设应该是开放的,这样才能更好地传播体育文化。学校开展生态体育运动需要先培养学生的体育意识,在此基础上,遵循快乐体育理念的指导,开展各种各样的活动。在学校构建的体育文化氛围当中,学生可以养成更好的体育习惯,学生的身心也能够得到健康发展。生态体育理念更加强调学生和大自然之间的交流互动,更加注重学生充分融入自然环境当中。

(四)强化教师体育课堂生态化素养

学校体育文化想要实现生态化发展,需要体育教师积极引领、积极倡导。体育教师主要负责激发学生对体育学习的喜爱和兴趣。学校在开展生态体育运动的过程中需要借助体育教师作为宣传载体,也需要体育教师在具体的实践活动当中践行生态体育理念。对于生态体育活动的开展来讲,体育教师是核心力量。因此,学校需要完善和优化学校的体育师资队伍,为体育活动的开展提供强有力的支持。与此同时,学校也应该呼吁体育教师注重体育教学研究,不断提升教学水平,创新体育教学方法,让体育教学展现出更高的教学质量。

学校在构建校园体育文化的过程中,应该做好如下两方面工作:首先,培养体育教师,让体育教师可以在工作中积极努力地认真思考、创新。也就是说,学校应该培养出一支具备创新能力、教学素质、教学水平的师资队伍。其次,学校应该转变对体育文化建设的管理制度,创新管理理念,注重通过文化的方式展开管理,建设出更加科学、更加人性化的管理制度。

(五)加强校园体育文化生态化的内涵建设

校园体育文化生态化是学校当中体育教师、体育学生在遵循生态体育理念指导基础上构建的与体育物质体育精神有关的体育文化形态。校园体育文化生态化可以展现教师和学生在体育方面的价值取向、观念意识,它是所有师生通过学习、通过实践之后所获得的学习成果。校园体育文化生态化属于校园体育文化的一种,它是生态文化和校园文化融合之后而形成的文化形态。

学校校园生态体育文化可以通过潜移默化的方式去影响当代学生的思想、意识、行为以及价值观念,它在一定程度上承担了育人职责,发挥了育人功能。在进行生态体育文化建设的过程中,学校除了关注客观环境、自然生态环境的建设之外,也要注重学生主观意识的教育与培养。这样,校园生态体育文化建设才能发挥重要的育人作用,也只有这样,学校生态体育文化建设才能体现出自身具有的大学精神建设、管理制度建设以及人文环境建设等方面的内涵。学校校园生态文化建设育人功能的展现要符合当今的时代特征,显现出社会主义的鲜明特点。学校可以借助校园生态文化建设去构建和谐校园。

学校在开展生态体育运动的过程中,需要注重开展形式的多样性。学校应该积极进行生态体育运动模式方面的创新,让生态体育运动有更加丰富的运动内容。在运动内容、运动形式越来越丰富的情况下,学生更愿意参加生态体育运动。学校在设计和创新体育模式体育内容时,应该以学生的喜好作为基础,在此基础上,专门成立体育俱乐部。体育俱乐部应该设置更多令学生喜爱的体育运动,删除、减少不符合学生身心发展、没有办法引起学生兴趣的运动项目,以学生兴趣爱好为基础设计生态体育运动内容、运动形式可以有效提升学生的积极性以及兴趣,学生会更愿意参与生态体育活动。

第五章 体育文化的发展与传播优化

第一节 体育文化发展模式的构建

一、体育文化发展模式构建的要求

文化模式是特定民族、社会或地区诸文化特征长期相互联系、适应而形成的协调一致的组合状态和构成方式。

体育文化是文化的重要组成部分，也具有一定的模式。体育文化模式是指各个国家、民族、地域的体育文化特征相互作用而形成的比较稳定的组合状态和构成方式。体育文化模式是历史的产物，是人类在长期的发展过程中形成的。对体育文化发展模式进行研究，不仅对于了解人类体育文化的历史个性和特殊价值取向有利，对于促进体育文化的未来发展也具有非常重要的意义。体育文化发展模式的构建需要注意以下要点：

（一）正确处理社会需要与主体需要的关系

体育文化社会需要与主体需要之间有相同的地方，同时也存在一些明显的区别，具体表现在出发点、形成机制、表现形式、类别属性等方面。在长远的发展历史中，体育作为一种文化现象，其发展的根本意义被定位为适应和满足社会需要，而关于自身的主体需要很少涉及，这就导致一定程度上体育文化成为国家的一种"工具"。因此，正确处理好体育文化主体需要与社会需要之间的关系，从体育文化的理念、物质、制度与行为等层次出发，使其成为一个有机的文化系统，并且要促进体育文化社会需要与主体需要的有机结合，这样才能顺利完成现代体育文化发展模式的构建，从而在信息时代达到促进体育文化进一步发展的目的。

（二）正确处理主观能动性与外部性干预的关系

体育文化发展过程中所面临的影响因素是多种多样的，在这一过程中，需要对体育文化发展的主观能动性与外部性干预之间的关系进行妥善处理。具体来说，就是要明确一些问题，如谁来建设体育文化，如何建设才能够达到低成本、高效率的效果等。

体育文化的建设与发展，不仅与自身主观能动性的参与有密切的联系，同时也受大量外部因素的推动，这两方面的因素都对体育文化的进一步发展起到了积极的促进作用。在过去的计划经济时代，国家对体育的控制在一定程度上对体育文化的发展造成了限制，这种外部干预使当时体育文化的发展呈现出明显的国家性特征，社会性特征却不明显。改革开放后，随着经济改革的深入，我国社会各个层面的改革都取得了骄人的成绩，在这样的背景下，体育文化也取得良好的发展成就。当今，各种文化间的碰撞越来越频繁，面对全球化背景，面对多元文化并存的局面，我国体育文化只有不断发展与创新，才能够在保持自身特色的基础上屹立于世界文化之林。要大力发展体育文化，还需要具备开放的心态和勇于接纳的胸怀。使本国的体育文化在与其他国家体育文化的相互碰撞中相互吸收与融合，真正形成具有自身特色和良好竞争实力的体育文化，同时在融合中也要注意创新和与时俱进。

体育文化的快速发展仅仅依靠外部因素的干预是不可行的，必须经历体育文化主体自身不断整合、选择与建构的过程。在实际工作中，应该对外部干预进行控制，政府主管部门将自己的角色明确下来。政府在履行自身职责的过程中，要注意维持市场对体育文化的导向作用，要对文化主体表现出充分的信任，相信文化主体有能力推动自身的发展。因此，只有将主观能动性和外部性干预之间的关系处理好，才能够推动体育文化更快、更好的发展。

二、体育文化发展模式的构建策略

（一）以健身为特质的康乐文化模式

经济来源少、收入低的人群，这对其社会参与行为造成了严重的制约，体育运动服装是他们进行体育消费的主要领域，且他们在体育活动器材方面的投入也十分有限。在获得体育消费信息方面，这部分群体也表现得较为消极。时间密集型和体能密集型的体育项目是这类群体的主要选择，他们参与体育活动主要是为了锻炼身体、保持好的身体素质，通常会选择一些比较简单的项目。

（二）以娱乐为特质的情趣体验文化模式

娱乐是体育活动场所的基本功能之一，丰富多彩的体育娱乐活动吸引人们参与其中，达到缓解身心疲劳、宣泄精神压力的目的。中产阶层在体育消费方面比较理性，对过高的消费会有意识地避免，他们更注重体育活动的健身性、实用性以及娱乐性。在体育消费时，他们通常会把握一个"度"，他们不会选择超出自身实际范围的消费。这部分人群拥有一定社会资源，但受经济收入的影响比较大，在体育消费中表现出一定的敏感性。他们往往会根据不同情况表现出一定的偶然性和淡然性，是受"体验经济"影响最大的群体。这部分群体往往会以健身和娱乐为主要目的而选择体育活动，在项目选择上表现出大众体育文化倾向。所选的体育活动具有一定的共性，即较为简单，容易学习与掌握，消费不高。他们参与的体育活动在伙伴选择上没有过高的要求，很容易通过血缘关系和地缘关系找到合适的伙伴。

（三）以文化作为特质的自我实现文化模式

现代体育逐渐成为人们生活方式的文化基础，体现人们的价值取向。关注体育文化特质可以在一定程度上实现人自身的人格发展目标，因此这很自然地成为高收入人群参与体育活动的文化模式。对于他们来说，他们参与体育活动除了满足锻炼身体、增进健康的需求外，对体育中自我发展空间和生活的文化意义也给予了高度关注。从参与体育活动的动机来看，体育的文化功能备受这些群体关注。他们也非常重视人与人之间的交流和沟通，希望通过参与体育活动与同一阶层或更高阶层的人建立良好关系，形成稳定的交际圈，为以后自身的发展积累社会资本。高收入人群更加关注体育项目的文化性，主要体现在体育消费中追求体育运动的专业化，这种专业化并不是追求体育技能，主要是从该体育项目所包含的文化层级进行考虑。他们选择体育活动方式、场所、时间及伙伴，有一定的模式化特征，比如选择游泳、舞蹈、网球、瑜伽等体育项目的概率较高。

第二节 体育文化软实力及其提升策略

一、体育文化软实力的特征

体育文化软实力是国家体育总体实力和国家文化软实力的重要组成部分，具体是指一个国家的文化因素（体育价值观念、体育制度、体育发展模式及民族传统体育文化等）对国内发挥的引导、动员、凝聚的力量，及对国际产生的说服、吸引和渗透的力量。体育文化软实力具有以下特征：

第一，内隐性。体育内层文化是无形的，主要通过抽象、判断、感悟、理解等方式与外界沟通与联系。所以，体育文化软实力是隐性的，而且其施力过程同样如此。

第二，吸引性。优秀文化本身就具有极强的吸引力。国家软实力的深层根源和核心实力主要就是文化魅力。文化具有特殊的力量，没有强制性，主要靠精神、情感来潜移默化地影响人，而且渗透力和超越性极强。从根本上来说，文化魅力是国家软实力中"软"的主要体现。同时，软实力的"力"，也体现在文化特殊而强大的"魅力"上。同样，优秀的体育文化犹如具有强大磁力的磁铁一样吸引着人类。

第三，扩散性。体育文化软实力具有易扩散的特征。强烈的竞争意识、良好的团队协作能力是现代人必须具备的生存条件，体育可以有效培养人们的这些精神和能力。现在，体育已成为现代人生活的一部分，对于现代人来说，这部分内容不可或缺。毫不夸张地说，现在社会的每个角落都有体育的痕迹，体育文化或多或少影响了世界上的每个人，这体现了体育文化软实力的扩散性。

第四，非强制性。文化软实力与文化硬实力是相对应的，二者在实施力量方式上存在差异。硬实力具有强制性，以强硬的力量将对方征服；而文化软实力则不然，其以柔性的方式获得利益，并对自己的利益加以维护，可见文化软实力是非强制的。人们仰慕并追求美好的体育价值观、体育道德、体育精神，甚至会为这样美好的文化而倾倒；而采用硬性的力量手段强迫人们接受美好的体育文化完全没必要。非强制的体育文化可以使人们不同层次的需求得到满足,因此不需要采用任何强制性方式与手段就可以使人们积极参与到体育活动中,体育文化软实力以其巨大的魅力赢得了人类的认可。

第五,易接受性。体育文化是一种人体文化,人类认识和模仿体育相当方便,这就为体育的传播提供了便利。没有任何一种文化现象可以像体育这样非常容易地沟通人们的思想情感,提高民族认同感。在体育文化软实力的施力过程中之所以容易被客体接受,正是因为体育文化具有易接受性,体育文化软实力的渗透力和融合力很强,也是由这一特点决定的,在此基础上,各国体育文化相互交流、相互融合,促进世界体育文化的繁荣发展。

二、体育文化软实力提升与发展的策略

(一)重构体育价值体系

1. 体育价值体系的结构

体育价值体系主要由核心价值和外围价值两部分组成。前者的主要特点是比较稳定,后者相对于前者比较松散。体育价值体系是否具有稳定性,主要由其核心价值这一组成部分决定,吸引力、说服力较强的核心价值,就越能够使整个价值体系更加稳定,因为它能够对社会生活中的各种困惑和矛盾作出合理解释和科学说明,以精神的力量对外界困难进行处理,缓和外界矛盾。因此,在体育价值体系构建中,构建核心价值体系特别重要。体育核心价值主要体现在以下层面:

(1)生物层面的"健康"。体育的本质功能是促进人体健康,所以在体育生物层面的价值中,选取"健康"作为代表。

(2)精神层面的"进取"。关于体育价值体系中精神层面的价值,有关学者从不同文化类型中寻找共同点。现代体育是从西方体育文化传统中发展而来的,所以在现代体育价值体系中,精神层面的价值主要表现为"竞争"。东方体育文化吸收了儒家文化的精髓,虽然"仁""和"等儒家文化发挥了重要的导向作用,但"天行健,君子以自强不息"式的进取精神也对东方体育文化产生了深刻的影响,因此,东方传统文化具有内在"进取和竞争"的传统精神。

(3)社会层面的"和谐"。社会中的每个人都会不可避免地与人交往,交往中伴随着合作与竞争。不论人与人之间以何种形式交往,都有一定的秩

序规范可循。体育运动育人功能的实现与其严格的规则密切相关。尊重规则和对手、维护社会秩序、促进社会和谐等是体育的社会功能体现,因此将"和谐"选作体育社会层面的核心价值。

2. 体育核心价值体系的构建

(1)公平竞争。争夺稀缺资源,必须采取竞争手段,竞争在现代社会生活中随处可见。和其他领域的竞争相比,体育领域的竞争相对来说是比较公平的,这主要取决于体育的公开性。对于任何身体外的不平等,体育竞赛都无条件拒绝。在同等条件下,公平竞争是体育竞赛的主旨。虽然不公平现象在体育发展实践中或多或少存在,但体育运动始终将公平作为基本准则和追求目标,正因如此,人们才将体育看作公平的象征。在体育领域,要做什么、如何做都是明确的,而且运动员的行为准则和价值规范都非常严格,这都是体育运动公平性所致。

(2)身心全面和谐地发展。体育发展的根本目标是促进身心全面和谐地发展,这也是体育核心价值体系的主题。人是体育的主体,同时也是体育的客体,这里的客体主要是指人参与运动的身体。体育运动能够使人强身健体,培养人开放、竞争的良好性格,促进社会交往,实现全面发展目标。

(3)中华体育精神。体育精神是人们在体育活动中形成的,以健康快乐、团结协作、公平竞争、挑战征服等作为主要价值标准的意识、思维活动和一般心理状态。中华体育精神是中国体育基本价值取向的重要体现,是经过文化自觉后的中国体育核心价值体系的精髓。

3. 体育价值体系的落实途径

(1)体制改革。客观存在的现象,尤其是现实的体育制度对人的体育观念产生了极为重要的影响。合理改革现有的体育体制,以均衡而健康的价值取向来发展体育,有利于对落后体育价值观念的纠正。竞技体育和群众体育协调发展、相互促进,城乡体育协调发展等是体育协调发展的重要体现。只有按照客观规律促进体育资源的合理流动,并以此为基础适当倾斜弱势群体,才能使体育的公平性真正发挥作用,才能更好地对体育的身心健康价值进行宣传。在基层群众中开展民族民间体育活动对提高中华传统体育文化的自觉性非常有利,同时对弘扬优秀的中华体育精神也有积极作用,而这些都是促使体育"以人为本"价值取向不断实现的重要途径。这个过程也是体育价值体系发挥作用的过程。

（2）体育实践。落实体育价值体系，实践是根本途径。只有采取实际行动，才能对理论进行检验，从而进一步修正理论，这是检验和修正理论的唯一路径，具体从以下两方面落实：

第一，"内生性"途径。人们从自身需要出发，选择体育价值体系并不断内化（或外化）的过程就是"内生性"途径。体育价值体系能够使人对体育价值的追求得到满足，实现人的精神追求和自我价值，这从体育核心价值体系中更能够得到明显的体现。

第二，"外源性"途径。人们以外部环境的影响为依据对自己的价值追求和实践行为进行调节的过程就是"外源性"途径。社会生产力、生产关系、上层建筑、教育程度等外在条件会对人的认知和行为造成不同程度的影响，可见人的认知行为既有能动性，又有受动性。社会活动中的行动主体在这种情况下必然会与外界产生各种联系，利益共同体在此基础上逐步形成。在体育价值体系实践中，要与人们的体育实践活动密切关联起来，贴近人们的生活实际和心理需求，通过影响群体来对个人产生积极影响。

（3）宣传教育。宣传教育途径就是通过多种媒介（如电视、网络等）对积极正确的体育价值观进行宣传，同时分析并批判错误的体育价值观。大众传媒在现代社会中发挥着重要的作用，尤其是深刻影响了处于价值观形成期的青少年群体。部分新闻媒体为了追求眼球效应和经济效益，会选择一些庸俗不堪的内容作重点传播，刺激观众的感官，使受众尤其是青少年产生不健康的体育价值观念。对此，学校、家庭和社会要相互协作，共同努力，引导青少年树立正确价值观，鼓励青少年以科学方式参与体育运动，避免对成功、名利、地位等的过分追求。

在体育价值体系的落实方面，建设科学的体育价值体系是首要任务，这项任务不是某个专家或者某一领域的学者可以独立完成的，需要在长期的体育价值实践中不断完善，所以，对体育价值体系进行构建的工作是"常做常新"的，需要体育理论研究者、体育实践工作者等有关人员的一致努力，我国坚持改革创新的时代精神在这个过程中也能够得到充分反映。

我国构建的体育价值体系是否与人民对真善美的追求相符，能在实践中实现，直接决定了其能否被广大人民群众接受与认可，受人们认可的体育价值体系所产生的影响力不可估量，能够在提升体育文化软实力方面发挥巨大作用。

（二）提升体育国际话语权

一个国家为了对自己的体育权利进行维护所拥有的表达体育观点和意愿的权力、机会和途径就是体育话语权。在体育文化软实力中，体育话语权是非常重要的组成部分，争取机会将自己的意愿表达出来，并争取他人接受和认同自己的意愿，使人信服，可提高体育文化软实力。

在体育全球化背景下，世界上的体育组织越来越多，类型各异，如竞技体育组织、群众体育国际组织、体育学科学术组织等。一般来说，国际性体育组织机构的权威较大，在世界体育发展中，这些组织机构发挥重要的决策作用，世界体育的发展方向主要由这些机构左右，不同体育项目的技术规范、标准及竞赛规则也是由这些国际性体育组织机构决定的。所以各国都希望成为国际体育组织的成员国，在国际组织中占有一席之地，以便在国际体育大事上拥有一定的话语权，为本国体育事业的发展谋利益。

1. 体育话语权的功能

（1）传播功能。各国体育文化都是在本国特有文化的基础上产生、发展起来的。在全球化背景下，我国要在世界体育领域占有一席之地并发挥作用，就必须拥有话语权，即利用一切机会、采取一切有效手段进行体育文化的对外传播，让全世界对我国体育文化的了解不断加深，尤其是对我国体育文化的特点和优势应有基本的认识，从而主动接受具有东方特色的中国体育文化。

要想拥有话语权，自由发表本国观点并得到认可，就必须采用各种体育文化传播手段。掌握话语权后，要积极对我国的体育价值观、精神和理念进行宣传，将我国优秀的传统体育文化和体育发展成果展示给世人，从而得到世界范围的认同接受。

（2）争取体育权利。体育具有竞争性，竞技体育领域的竞争尤为激烈。因此，我们总能在体育中看到各种利益冲突，而在冲突中维护自己的权利非常重要，拥有话语权是维权的基础条件，只有这样，才能以游戏规则为依据将自己的辩解和正当要求提出来。各国对自己在国际上的体育权利加以维护，就要明确自己应该享有哪些权利，可以通过哪些途径实现话语权，以及要达到维权目的应该如何发出话语。国际体育竞赛场合中的语言文字是不同的，因此还要用外语把自己的意愿准确表达出来。

我国要在国际上争取体育权利，就要在国际体育交流活动、竞赛活动的各个环节积极参与，努力争取进入领导机构，并主动参加其他相关机构（新闻发布机构、宣传机构、仲裁机构等）的工作，这不仅可以对竞赛的各个环节有所了解，行使基本权利，获取可观的利益，而且当我们的权利被侵犯时，还可以通过话语权来申诉和抗争，维护自己的利益。

（3）为国家争取话语权。国家体育话语权是国家话语权的重要组成部分，在国家话语权中，体育发挥着重要的载体作用，国家话语的表达可采取体育这一重要途径来实现。有话语权和有实力的国家在发展本国体育事业时也比较顺利。具体表现在：首先，可以在竞技体育赛场上取得优异的成绩，通过运动员、教练员等运动主体传播本国的道德风尚及体育精神；其次，可以在各种国际体育交流活动与大型比赛中将本国的美好形象展示给世人；最后，可以在世界体育学术会议上发表独特的观点，展现创新研究成果，使各国对本国的体育科技水平有所了解。

（4）行使国际体育决策权。国际体育组织都有属于自己的管理机构，在国际体育组织体系中，管理机构的主要职责是对体育运动的竞赛、交流活动进行组织和管理，对各种制度和规则进行制定，通过发挥引领作用推动体育运动的发展。事实上，在国际体育运动发展中，这些管理机构就是决策机构，各国的话语权力一定程度上取决于自身在这些机构中的地位。所以，进入这些领导机构并争取一定的权利位置是各个国家追求的目标。

进入国际体育组织中的领导层，拥有较高的地位，就会有更多的机会参与决策，这对一个国家的发展来说是非常重要的，但这只是促进话语权目标顺利实现的基础与前提，代表国家参与决策的人员才是真正实现话语权目标的重要力量，这些人物的思想文化水平、交际协调能力等直接决定了话语权目标实现的效果。

2. 提升体育国际话语权的对策

（1）提高话语权意识。提升体育国家软实力是一个漫长的过程，需要具备一定的硬实力。如果没有硬实力，那么我们就没有条件争夺话语权。现在，我国的体育硬实力明显提高，中国竞技体育跻身世界先进行列，我们有条件也有底气在国际体坛上发表自己的观点与意愿，所以必须重视我国在国际上的体育话语权，采取实际行动对自己的体育国际话语权加以维护，从而提升话语权。我国争取话语权的努力程度主要取决于我国的话语权意识，因此必须树立并提高话语权意识，然后努力争夺话语权。我国争夺体育国际话语权的能力主要由体育工作者、体育参与者等体育人口决定，因此，除了体育政府官员要树立话语权意识外,教练员、运动员及其他体育工作人员也要具备高度的话语权意识,只有形成共同意识与目标,才会共同为提升我国的体育国际话语权而付出努力。

(2)加强学习与研究。当前,我国必须深入研究体育国际话语权,对体育国际话语权的内在规律有一个正确的把握,对其内容、途径、技巧等进行深入探讨。为了保障这方面研究工作的顺利开展和有效落实,我国需从组织建立、制度规划等方面作出努力。

(3)建设体育国际话语权队伍。要提高体育国际话语权,需要建立一支实力雄厚的优秀话语权队伍,这支队伍要由不同类型的体育人才组成,队伍的规模、结构及整体水平都要接近世界先进国家。我们应分门别类地培养话语权队伍,然后争取向国际体育组织输送人才,使我国的各类相关人才都能在不同的国际体育组织中担任重要职务,改变我国体育在国际上的被动现状。体育国际话语权队伍中,对裁判员、体育传媒人才的培养至关重要。

第一,裁判员培养。目前,我国要特别重视对高水平国际裁判队伍的建设与培养,并努力争取机会使其在相应项目的国际比赛中担任裁判员,这样我国运动员在国际比赛中的合法权益才能得到保障。

第二,体育传媒人才培养。培养对体育、传媒都有深刻认识与见解的体育传媒队伍非常重要。当前我国社会急需体育传播人才,可通过在各大高校、体育院校设立体育新闻专业来培养这方面的人才。

我国需进一步培训体育传媒业内人员,并加强对后备人才的选拔与培养,促进体育传媒队伍的不断壮大。此外,积极开展体育话语权的教育工作,提高体育工作者的话语权意识,对于提高与维护我国体育国际话语权同样具有重要作用。

(4)加强体育媒体建设。发挥媒体的传播功能、发挥传播媒体的作用可让受众感知、理解和接纳话语,有助于我国掌握体育话语权。现在,体育与新闻媒体之间形成了密切的联系,体育事件与媒体事件已成为社会上的一个共同体现象,不可分开。随着信息技术的进步与发展,新的传播媒体不断出现,新闻媒体的传播时空也因此而不断拓展。而且新闻媒体在新技术的推动和网络的影响下日渐多元化,媒体之间已经失去了明确的界限。各媒体之间的联系越来越密切,它们在交流中碰撞、融合,从而促进了新传播媒体和平台的产生,促进了跨媒体联动、资源共享,传媒生存形态的融合趋势越来越鲜明。

为了更好地发挥新闻媒体在传播体育信息方面的功能与作用,体育部门应大力加强与媒体的互动与合作，推动传统媒体、新媒体的全面整合，形成更大更强的媒体系统，充分发挥这一系统的传播功能，从而有力提升我国的体育话语权。

（三）大力发展体育文化产业

体育文化产业体系主要由两部分构成，即内生态系统与外生态系统。这两大系统中各要素之间相互影响、相互促进、相互补充，在这样的内外关系下，体育文化产业的发展得到了一定的保障。大力发展体育文化产业，可不断提升我国的体育文化软实力。

1. 解决资金问题

资金不足是制约我国体育文化产业发展的首要因素，当前发展我国体育文化产业的首要任务就是解决资金问题。具体解决方法有以下五种：

（1）积极设立体育文化产业发展的引导基金和风险投资基金。

（2）对财政支出结构进行调整，可安排一定数量的引导基金来加快发展体育文化产业。

（3）对体育产业税收政策进行调整，制定优惠税收政策，拓展新的经济增长点。

（4）注重体育产业的研发，在这方面加大投入力度。

（5）鼓励社会相关单位、个体兴办体育文化基金，拓宽体育文化产业融资渠道。

2. 建设体育文化服务体系

可从以下方面实施体育文化服务体系的建设：

（1）发展体育文化产业需要坚持正确的发展方向，主要表现为坚持以人民为中心、将社会效益放在首位，体现当代先进性文化、坚持文化自觉与创新。

（2）积极建设公共体育文化基础设施，不断促进体育公共文化服务投入结构的完善，在体育公共文化服务方面增加资金投入，提供基础保障。

（3）设立体育文化服务体系的投入机制、引导机制，在市场经济条件下充分发挥市场调节作用，使一定比例的社会资金流向体育公共文化服务领域。

（4）将各种通信设备充分利用起来，大力宣传体育文化消费，从而对市民的体育文化消费意识与行为进行引导，使大众在体育文化消费领域表现得积极主动。

第三节 体育文化的传播与优化策略

学校"作为代表国家最先进科学文化水平的团体，它的形象早已深入人心，随时随地影响着人们的思维、情感和教育决策。而体育文化传播是提升学校形象的一条重要途径"。[①]

一、体育文化传播的意义

第一，培育体育思维，强化健康观念。科学技术的出现、智能手机的普及在很大程度上方便了人们的生活、工作和学习。借助于科学技术以及手机，人们可以快速及时地获得相关信息。在此样的情况下，完全可以借助信息传播去宣传体育文化。应在体育文化的宣传过程中融入能多详细的信息，借助宣传大众才能全面地了解科学的体育信息。通过体育信息宣传、文化宣传，整体人民体育素养将会得到有效提升，人民身体也会更加健康。

第二，提升健康体质，增强综合素质。现在，无论是国家还是社会当中的普通公众，都越来越关注学生综合素质，并且教育改革当中明确确定了要提升当下学生的综合素质水平，帮助学生综合成长。此种情况下，教育改革致力于创造出综合素质培养体系。大学在进行教育改革、教育创新的时候关注到大学体育文化传播的积极作用。体育文化传播是大学教育改革可以使用的、具有科学性以及实践性的教学模式。

体育文化传播可以提升大学生的思维能力，可以让大学生掌握更多的生活常识，还可以引导大学生关注自身安全。在大学阶段，大学生处于独立的生活状态，需要依靠自己面临全新的环境。在陌生的环境当中，大学生可能会觉得不安全，可能会觉得生活不稳定，在这样的情况下，体育文化的传播可以引导学生加强自我管理，注重自身安全。

---

① 雷扬. 体育文化传播的现状与问题 [J]. 新闻前哨，2009（12）：92.

第三，提升团队意识，塑造集体观念。体育文化当中涉及集体文化、团队文化。借助体育文化的传播，个体可以更好地了解团队合作的重要性，个体也会在大脑当中建立起团队意识。例如，可以利用新媒体向个体传播与团体运动、团体合作有关的体育活动、体育项目，如篮球、排球等，这些项目、体育文化的普及能够有效培养个体的集体意识。

二、体育文化的传播方式

（一）体育文化的空间传播

体育文化在向外发展的过程中和更多区域的人进行充分的交流，实现了体育文化的扩散，体育文化可以向更大的空间范围传播。体育文化空间传播涉及的传播类型比较多，经常出现的两种类型是膨胀型传播以及迁移性传播。

1. 膨胀型传播

膨胀型传播也经常被叫作扩展型传播。具体来讲，指的是文化在发源地或者其他的核心地区以极快的速度向其他空间传播的过程。对膨胀型传播进行具体分析，可以发现它可以被划分成以下三个更详细的类型：

（1）等级型传播。等级型传播指的是体育文化的空间传播出现了等级现象。具体来讲，就是体育文化可能只在固定区域内传播或者只在固定人群中传播。之所以会出现等级型传播现象是因为体育运动自身的运动技术、运动规则、从事体育运动的群体经济基础、区域经济情况、区域地理环境等因素的作用。

地理条件、地理环境会在很大程度上影响体育文化的发展，尤其是在过去，地理环境、地理条件会在极大程度上制约一个区域的体育文化发展，体育文化想要快速发展，必须有适合的地理环境提供支持。

等级型传播还受到不同运动项目物质要求的限制。每项体育运动对硬件条件的要求都不同，在运动中所占据的个人运动空间和物质消耗也有差异。人们选择体育运动往往从个人的经济角度考虑得较多，也就是说，必须考虑能否支付该运动的物质消耗。由于运动对于物质产品的消费和个人占据空间大小有差异性要求，人们选择运动就会产生差异。一般来说，经济基础越雄厚就越需要宽松的运动空间和较大的物质消耗；反之，空间和物质消耗需求量都会变小。正是由于经济基础的限制，人们对体育运动选择会出现差异，而且会根据人群文化需求对运动进行档次划分。

体育传播也存在着在不同阶层的传播，差异性的体育项目总是在寻找适合其物质消耗能力的消费者——传播对象。不同收入阶层选择的体育运动项目存在着差异性。总的趋势是收入高者更愿意选取对物质资源要求高的运动项目，反之亦然。这些运动的等级并不是由运动对机体的生物功能要求决定的，而是由其消耗的物质财富决定的。各等级之间传播的体育运动项目与其文化需求相适应，并将阶层的文化取向渗透到体育运动之中，形成了独具特色的层级体育文化。

等级型传播还常见于不同年龄阶段。由于机体能力的影响，因此不同年龄阶段的人群，运动能力有很大差异。不同的体育运动对运动者的身体素质有一些特殊的要求。因此，对不同身体素质有差异性要求的体育运动项目就会在不同年龄阶段的人群中传播开来。比如，篮球、足球运动大多数参与者为青少年或壮年人；老人则比较偏好运动量小、强度低、速度慢的运动形式，如太极拳、木兰拳、老年迪斯科等运动项目。当然，有些运动项目技术性较强，运动量和强度比较容易调节，也会在不同人群中传播开来，如乒乓球运动。

体育文化在区域间的传播主要受地理环境和文化传统的影响。不同的体育项目所需的地理环境有一定差异，因而一般具有明显地理环境特征的体育项目会选择适宜的区域进行传播。这在一定程度上是体育项目对成本的妥协。不过也可以通过人工方式创设适应体育运动的条件，但这样的成本付出必然是巨大的。

等级型传播有着层次鲜明和地域特征。就等级本身而言，具有国际性，即在世界范围内找到相同特征的传播对象。虽然有些项目在一定时间和特定区域会失去等级型传播特征，但体育项目自身的成本和文化特征会逐渐将传播对象固定下来。当然，不同阶层在接受体育项目时并非一成不变，往往会随着自身阶层的更迭改变对体育项目的选择。同时，体育项目传播过程中也会发生一些变化，造就新的社会阶层。

（2）传染型传播。传染型传播是指某种体育文化比较容易为接触者接受，接触的人，如同接触到易于传染的病菌一样，自然地接受了该文化，从而实现了其传播。该种类型传播的体育文化大多具有趣味性强、娱乐性强的特点。这些体育运动项目比较易于上手，而且其技术学习和练习具有持久性，技术种类多样。随着训练水平的不断提高，技术提高程度也较快。同时，具有这种传播方式的体育项目对场地、器材等硬件条件要求不高，便于随时、随地

第五章 体育文化的发展与传播优化

进行运动。因此，此类体育文化更加吸引受众，容易产生共鸣。

传染型传播具有传播速度快、传播面积广、传播持续时间长等特征。传染型传播与社会经济发展、体育文化传统的形成也有一定关系。当社会发展为某一个运动项目提供了足够的物质基础之后，更容易促进项目的传染型传播。如果社会物质基础没有达到要求，即使该项目十分吸引人，也不会以此类型传播开来。

（3）刺激型传播。刺激型传播指的是某一个地区的体育文化向外传播过程当中受到其他地区文化限制而不得已作出改变去适应该地区文化的传播形式。

刺激型传播形式推动了很多体育文化向更大的空间传播。在推动的过程中，体育文化和其他地区文化结合之后还衍生出了其他形式的体育项目。比如，太极拳就是其中的典型代表。太极拳最初发源于陈家沟，后来随着一些习武者的流动，开始在全国其他地区广泛传播开来。在传播过程中，太极拳为了满足不同区域提出的实际需要而进行了一定的改造和创新。现在，太极拳运动有很多流派，不同的流派和陈家沟诞生的陈氏太极拳之间都有紧密的关联，不同的流派也创造出了独具本派特点的太极拳特征。举例来说，杨氏太极拳就是除了陈氏太极拳之外的主要太极拳流派，杨氏太极拳也是在陈氏太极拳的基础上形成的。经过创始人祖孙三代的不断努力、不断创新之后，杨氏太极拳形成了基本的框架。相比之下，杨氏太极拳更加注重简洁严谨、更加强调动作的和顺，注重动作本身的轻松。整体来看，练习方法相对简单容易，姿势更加朴实平正，注重刚柔并济，强调积柔成刚。上述鲜明特征使得杨氏太极拳受到了人们的广泛欢迎和热烈喜爱，同时也在全国范围内广泛地传播开来。

刺激型传播的主要原因是改造，这种改造主要原因包括：自然地理环境发生了改变，失去了支持原有体育文化的物质基础，传播者不得不改变项目所依赖的物质基础，改为以当地物产为基础；传播地的人文环境发生了变化，传播者必须考虑传播地的文化氛围以及体育运动的特征，进行适当的改造以适应接受者。因自然地理环境发生变化而改变体育文化自身特征的例子为数不少。刺激型传播的核心是变化，变化的原因从根本上说主要是地理环境和人文环境。科学技术的发展也会导致这种变化的出现，现代科学技术可以从场地、器材装备等方面改造一项运动，从而使得运动更加丰富多彩。

2. 迁移型传播

迁移型传播是指具有某种体育文化生活的人或集团从一地迁移到另一地，将该运动向外传播。这种情况多见于移民，同时，经商者、官员、留学人员等多种人群也是迁移型传播的主体构成。迁移型传播可以分为以下三种类型：

（1）墨渍式扩散。墨渍式扩散指的是移民在移居到某一个区域之后开始在区域当中的小区域传播体育文化，但是不同的小区域之间并没有形成体育文化关联，体育文化传播的小区域之间还存在其他的区域文化阻碍。换句话说，就是体育文化只在一个区域当中的若干个小地点扩散传播。体育文化传播扩散之后，虽然小区域内的体育文化依旧存在某种程度上的关联，但是它们也会因为地域的区别而慢慢地显现出差异。墨渍式扩散是体育文化生活当中经常出现的扩散类型。

很少有大规模移民共同占据某一个区域的情况出现。通常情况下，移民只是小规模地生活在某一个区域当中，而且移民在移动的时候会考虑经济需求、传统文化需求、地理需求，会主观地对移动区域进行判断。所以，移民的迁移地域通常不同。不仅移民如此，其他人群在迁移过程中也呈现出分散式的特征。原住区域的居民在了解和接受移民所带来的体育文化生活时，也会仔细地进行考察。移民为了更好地让体育文化生活在迁移地区传播，也会对其进行一定的创新，让其更加符合移民地区的文化需要、体育需要。大多数情况下，受到地域之间文化传播不顺畅的影响，移民所带来的体育文化通常会被认为是其他民族的体育文化。

（2）占据式扩散。占据式扩散指的是起源地区的体育文化虽然伴随着移民的移动而传播到其他地区，但是并没有在其他地区作出较大的改造与创新。也就是说，在这种传播模式下，体育文化仍属于原来起源地区的体育文化生活系统。

第一，大一致型扩散，指的是大量的移民移居到了某一个地区，为该地区带来了大量相同起源的体育文化生活，区域内部的其他仅存的小部分体育文化生活被移民所带来的相同起源的体育文化生活同化的传播类型。此种类型经常伴随着大量的移民迁徙。例如，在魏晋南北朝时期就曾出现过此种传播扩散类型。因为魏晋南北朝时期战争频发，所以，很多中原民众向江南地区移民迁徙，使得江南地区出现了很多中原文化，越来越多的中原体育文化项目开始出现在江南地区，并且得到了快速扩散和发展。

第二，小一致型扩散，指的是移民将自己原来居住地的文化迁移到了其他的地区，居住地的文化在进入其他地区之后并没有出现变化，仍然和之前的文化内核保持一致的扩散类型。此种扩散经常出现在少数民族文化迁移过程当中，少数民族的体育文化生活并不会因为地域迁移的影响而出现变化。所以，无论少数民族迁移到哪个区域，民族自身的体育特色都会和原来民族所居住地区的体育传统保持一致。

占据型传播的体育文化一般代表了主流文化，其方式也是多种多样的。我国接受西方现代体育的进程就是比较典型的占据型传播。我国接受了西方的学校体制后，也接受了西方学校以其文化为主体的体育运动项目。应该说，这是西方现代体育进入中国并取得主导地位的主要原因之一。随着我国学校教育的普及，这种占据更加具有广泛性，更加深入地进入我们的文化改造中来，成为中国体育文化的主流。

（3）变异式扩散。变异式扩散指的是移民迁移到一个新的地区之后，自身的体育文化生活受到原住民体育文化生活的影响而出现巨大变化的扩散形式。移民在迁移到其他地区之后，会受到周围原住民数量、经济以及地位等方面的压制。总体来看，迁移之后的移民在社会当中处于劣势地位，在这样的情况下，移民自身的体育文化很难长久地在该地区保留下来。在长久的生活中，移民所开展的体育文化生活活动必然会被该地区原住民的体育文化生活所影响，此时，移民的体育文化生活就出现了巨大的变化，和旧地区之前的文化生活形成了鲜明的对比。变异式扩散形式会导致以下三种结果的出现：

首先，移民和移民之后地区的体育文化生活完全融合，移民不再使用之前的体育文化生活方式。

其次，移民会保留原来体育文化生活的一小部分内容，保留下来的原来地区的体育文化生活内容只能作为非主流形式的体育文化生活出现在居住地区。

最后，移民和该地区的原住民共同参与体育文化生活的创新创造，融合创新之后，体育文化生活就会以全新的面貌呈现在移居地区，全新形式的体育文化生活代表两种文化的融合与交流。

（二）体育文化的区域整合传播

现代政治、军事、科学技术、社会经济的发展为人类体育文化交流提供了更多可能。在文化交流的过程中,各种文化间的整合趋势越发明显,随之而来的是体育文化区的变迁。当代世界体育文化发展有着区域之间的特色,同时,由于各种原因的综合作用,体育文化正在实现区域之间的整合。而且,这种整合正在以惊人的速度发展,趋同成为主旋律。

三、体育文化传播的优化策略

"随着信息技术的不断发展,人们已经进入新媒体发展时代,并正在通过各种各样的方式接触到信息和文化。高校是发展和传播体育文化的重要阵地,为了能够促进高校体育文化的有效传播,在新媒体背景下,高校应通过课外体育活动、体育教学、体育竞赛等多种形式,创新思路,探索渠道,利用新媒体平台,提供简单、便捷以及多样的传播方式,传播体育文化,从而加深高校学生对体育文化的理解,有效培养学生的体育文化素养,促进学生的全面发展。"[1]

(一)提升传播者的综合素质

传播者综合素质的提升需要传播者参加培训。通过培训,传播者可以掌握更多真实的信息,这样,传播者在参与信息传播时就可以输出更高质量的信息,就可以在社会当中创造出更加优质的体育文化信息传播环境。除此之外,在接受传播培训的过程中,传播者也能够了解与传播学科有关的知识、与体育学科有关的知识。知识的了解有助传播者综合运用不同学科的优势,向更大的范围开展更深程度的体育文化传播。

体育文化传播者有很多,比如,说政府部门的工作人员、新闻记者或者社会当中的普通群众。所有的传播者当中最主要的人群是高校师生。所以,在提升传播者素质的过程中,要尤其关注学校体育宣传部门、体育教师、体育俱乐部、体育社团成员以及体育学生在体育文化传播方面的素养提升。高校师生具有更高的信息辨别能力,可以自主抵御不良信息,主动发布真实信息,他们的加入在一定程度上推动了体育文化传播。

综上所述,在新的社会环境下,传播者应该掌握更多的专业知识、具备更高水平的专业素养,有一定的政治思想觉悟,道德素质优秀,业务能力水

---

[1] 乐凤莹,周璐. 新媒体环境下高校体育文化传播创新路径研究[J]. 当代体育科技,2022,12(6):153-156.

平高。在体育文化知识学习方面，应该做到掌握理论知识，具备实践经验，如此，才能向受众者输出更优质的文化内容。

（二）拓展体育文化传播渠道

"高校要借助微时代力量实现体育文化的有效传播，首先要创建相应的微平台，让大学生有明确的信息获取渠道，之后再将相关的体育文化知识和学校发生的一些重要体育活动发布在平台当中，并通过校园宣传让学生关注到微平台，这样才能通过微平台扩大校园体育文化的传播范围，进而引导全员了解体育信息，丰富学生的体育知识内涵，培养学生的体育传承精神。"[①] 学校里可以使用的文化传播渠道非常多，比如说体育学会、各类软件以及体育传媒。学校使用的体育文化传播方式以及涉及的体育文化内容多种多样。在微时代下，学校进行体育文化传播的时候需要有效整合可以运用的体育文化传播渠道、体育文化传播资源，这样才能充分发挥出不同传播渠道的优势，才能更好地助推体育文化向更和谐、更高水平的方向发展。

学校应该同时运用传统媒体和新媒体，让多个媒体充分发挥传播优势，让体育文化传播内容覆盖更多的受众。举例来说，学校体育协会以及学校体育社团可以通过微信公众号的方式传播体育文化，学校也可以通过自身的官方微博分享体育文化知识、体育文化信息。再如，学校可以借助自身的校园报刊刊登体育文化信息。不同的媒体之间可以做到优势互补，充分发挥彼此的优势，而且，不同媒体之间的融合还可以避免不同媒体类型之间的恶意竞争。

（三）优化体育文化传播内容

体育文化传播过程中最为核心的部分是传播的内容，传播内容是否高深、是否有质量，直接影响最终的体育文化传播效果。体育文化传播者需要根据传播环境以及信息接收者的具体情况展开分析，以此来确定受众需要哪些体育文化内容。分析目前高校所传播的体育内容可以发现，内容更多和学校运动会或者学院举办的体育项目、体育比赛有关。除此之外，还有一些体育知识讲座。总地来看，这样的内容形式过于单一，并没有体现传播内容的多元化特点、丰富化特点。所以，高校未来在进行体育文化传播过程中，需要注

---

① 吕慧鹏. 微时代高校体育文化传播平台构建[J]. 当代体育科技，2020，10（10）：8-9.

重对内容的丰富处理，同时，为大学生提供精神、物质、制度、教育、行为等方面的体育文化内容。

第六章 多维体育文化的建设与发展

第一节 休闲体育文化的建设与发展

"随着现代社会的发展迅速,人们休闲时间也随之增多,生活观和价值观也随之发生转变,在这种趋势下,休闲体育也就随之出现在人们生活中,逐渐成为现代休闲生活的一种方式。"[①] 休闲体育是美国在20世纪70年代首次兴起的一种运动,是指人们在业余时间进行适当的活动,以达到放松和强身健体的目的。近年来,随着科学技术、经济的飞速发展,现代信息技术已经极大地改变了人民的生产、生活,并对人类的发展作出重大的贡献,而最显著的贡献是可以使人们有更多的时间来消遣。从目前的社会发展情况来看,休闲体育正在逐步融入人们的生活之中,而休闲体育与竞技体育之间有着某种联系,如果把某些体育活动运用到竞技体育中,那么它就可以被归类为体育,如果把体育运动用于娱乐活动,那么它就可以被归为休闲体育。因此,休闲体育是指人们在日常生活中进行的各种体育活动,是现代社会发展的必然结果。

一、休闲体育的内容与特征

(一)休闲体育的内容

可供休闲娱乐的运动项目是丰富多彩的,在资金方面,既有对场地和资金需求较低的传统体育项目,如武术气功、散步跑步、徒手体操等;还有些现代化的运动项目,要求有特定的场地和设备,如网球游泳、旅游、家庭器

[①] 刘长江,王小春,彭麟凯. 高校休闲体育文化的构建探析[J]. 体育世界(学术版),2019(8):55.

械健身等；还有一些对场地、设施和投入要求较高的新型运动项目，如高尔夫球、保龄球、赛车、摩托艇、登山、攀岩、热气球、滑翔翼等。

从活动所依托的背景来分，主要有三个方面：陆域以山林野外为背景的登山、攀岩、定向徒步越野、郊游、山地自行车运动、野外旅行、探险、滑雪、滑冰、雪上摩托等，水域划船、赛艇、帆板、水上摩托、潜水冲浪滑水钓鱼、游泳、木筏漂流等，空域滑翔、跳伞、热气球等活动。

（二）休闲体育的特征

休闲体育运动并非指这种运动与其他运动形式有特殊的区别，而是指这种运动与休闲所需的情趣相匹配，具有一定的文化娱乐性，使之由普通的体力劳动转变为休闲情趣和生活方式。所以，它的特点如下：

1. 自然性

众所周知，人类作为一种生命存在的活动分为两类：一种是外部活动，另一种是内部活动。内部活动即生理、生物活动，是物质和能量不断消耗的过程，这个过程是不管我们是否愿意都会在人体内进行的。

为了保持生物的生存状态，要持续地推动消解过程的主动进行，还要与外部的物质交换来弥补消耗掉的能量。这两种行为都是由生物体的外在行为决定的，即食物的摄取、排泄和身体运动，也是人类最基本的需求根源。基于此，就不难理解为什么人会选择大量涉及身体运动的游戏和娱乐方式。作为一个生命，必须遵循生命的基本规律，即保持着生物的本能需要和行为，但在人类个体社会化的过程中，人类的这种本能需要会受到某种特殊的约束，并以社会人独特的方式来满足。

2. 参与性

休闲体育是一项具有高度实践意义的社会活动，要求人们亲自参与，在运动中体会、获得一定的情感体验，或以自己的活动成果来表现自己的思想。没有参与，就很难获得想要的感觉，也就不能在休闲体育中完全地将自己表现出来。一些人将观看体育比赛、表演等活动纳入休闲运动中，将其分为参与型和观赏型两种不同的类型。观看和欣赏是一种文化休闲，而不是一种休闲体育，因为它与文艺表演，如杂技、大型综合性演出等没有多大的区别，尽管这些现代文艺演出中经常也有演员与观众之间的互动，但我们却始终不能认定这是观众在演出。因此，休闲体育应该是参与性的，是活动者亲身实践的过程。

3. 流行性

流行性是指某一种社会现象具有很大的影响力，并在一定程度上形成了它的时代感这种外在表现，而这种表现通常是由流行产生的。在当代，随着人们物质和精神生活得到了空前的提升，休闲活动也逐渐融入了人们的日常生活之中。但是，随着现代社会的高度发展，各种新的运动和娱乐项目层出不穷，由于传媒的影响，很多运动项目很快就在全球范围内普及开来，从小范围项目一步步成为国际性质项目，奥林匹克运动会项目设置不断扩张，就是体育的这种流行性的典型表现。

休闲体育的流行性主要以其活动项目的迅速风靡于世，而后又悄然消失中表现出来。一项运动通常会在一段时间内迅速兴起，并在人们的休闲时间内变成一项非常受欢迎的运动。与其他的流行的新鲜事物类似，一种体育活动也可能风靡一时后，又很快销声匿迹，取而代之的是另一个让人愉悦接受的新的体育项目。其实，休闲运动之所以具有这样的流行性，完全取决于人们的自由活动时间和人类的个性。当人们获得了自由的时候，他们所要面对的问题就是如何利用和消磨这些自由时间。

体育活动既有利于身心，又有助于打发时间，自然会成为人们主要的选择。然而人们对活动的选择又是相互影响的，体育项目的流行机制之一就是这种相互影响的作用。人们求新求异的意识则是他们不断地放弃旧活动，追求新活动的动因所在，这是一个体育项目很快地流行起来而后又逐渐消失的原因。当然，周而复始也是社会事物发展的一种具有规律性的特征，休闲体育也是如此，也许一段时间之后，一种曾经很受欢迎但很快就消失的项目，重新成为一种时尚，被另一代人所接受。

4. 时代性

休闲体育是在一定历史阶段和一定文化背景下形成和发展的，在不同的历史阶段，由于物质、精神文化的差异，人们的休闲方式也就有了很大的差异。随着时代的发展，体育休闲活动也在不断地演进和发展。通过考察历史的发展进程可以发现，不论在何种时期，体育活动都有可能出现在人们的生活中，并逐渐成为人们所愿意参加的一种休闲娱乐活动。当然，休闲体育活动毕竟是社会文明的表现形式，在许多情况下，与社会科学技术的发展水平密切相关。相比于20世纪初，21世纪的大众休闲体育活动已经发生了很大的改变，现在的休闲运动常常与科技、物质的变革相结合，而以往的体育活动更多的是以自然的生理活动为主，比如室外锻炼。

5. 时尚性

在社会经济和文化空前发达的今天，参加休闲体育已成为社会潮流。人们不仅可以通过参加体育休闲运动来显示自己和某个特定阶级的平等地位，也可以通过这种方式来区分自己和某个特定阶级的不同。所以，时尚性是一种比较具有代表性的休闲运动特点。参与休闲体育活动的人们和休闲体育本身完全具有现代时尚的几个重要的双重性特征。如，休闲体育一方面并不在乎物质的和实际的东西，但又始终离不开那些具体的东西；人们对待休闲体育的态度也包括了积极参与和完全无所谓两种对立的情绪；人们总是想逃避责任却在休闲体育中不得不承担责任等。时尚性是社会事物与社会发展、社会需要相适应的一种典型特征。这种时尚双重性包含了人们参加休闲运动时的动机、目的、心态和情感。如人们在进行体育活动时，总是要遵守活动的规则和方式，但在从事休闲体育活动时，人们却不愿意遵守这些活动规则和一些规范，因为这些东西多少形成了一种文化性的压力，而休闲活动恰恰力图摆脱各种外在的压力。

6. 自发性

休闲体育是指人们在业余时间进行的一项自发的、以自我为中心的运动。它是一种纯粹的个人或团体的主观需要，在自己的自由时间内进行的运动，没有强迫的、被动的、非自愿的因素。在活动中，因为是主体出于自身意愿的需求，所以，它不但能直接满足身体和心理的发展需求，还能激发他们长期的参与热情，使他们能够更好地处于"需求—满足—更大—更满意"这种不断发展的良性循环中。

自发性是自觉意识的体现，特别是在社会高度发展的当今时代，休闲已经不只是劳动之余的休息和放松。随着自由时间的增加，休闲已经成为每个人的生活权利，成为每个人生活的组成部分。在现代社会中，人们具有极高的自由意识，而在休闲时间的活动正体现着人们支配自己时间的权利。

7. 层次性

层次性包括三层内容：参与群体的年龄层次、活动内容的难易层次、经济方式消费水平层次。这三种层次的划分有着十分重要的社会意义，表现了休闲体育研究的不同视角和内容。从一般意义上讲，不同年龄段人群的需求和兴趣是不同的,这些需求和兴趣会直接影响到他们选择的体育休闲方式。孩子们对某些新颖的个人活动,如滑板、轮滑、小轮自行车等感兴趣;青年人则爱好有一定挑战性和对抗性的活动,如足球、篮球、网球等;中年人对活动品位有一定的偏爱;老人们更愿意参与更多的互动和交流。

在体育休闲活动中,一般以年龄为主导来进行分层,有时甚至是决定性的因素。内容的难度是完成活动所要求的技术标准高低问题,人们通常根据这些来选择体育休闲活动方式。该选择主要依赖于活动者自身的运动水平,而那些具有较高运动水平的活动者,往往会选择技术动作上有高难度的活动项目;而自身身体素质较低的人,则会选择不需要太多精力就可以完成的项目。

活动形式的经济消费水平与个体的社会身份、阶级特性紧密相关,表现出显著的社会性特性分层。一些体育休闲活动方式明显地属于高消费,参与者通常须拥有相当的财力;而另一些体育休闲活动方式则可能对个人经济情况有一定的要求,既能显示个人身份,也能表现个人的运动能力;一些人更愿意选择那些不需要多少开销,就能开心愉快地活动的项目,他们没有更多的钱花在休闲活动中,因此,他们也不在乎自己玩的活动被人家视为哪个层次。

许多形式的消费,在刚开始时是奢侈。随着社会的发展,这些形式慢慢地大众化而逐渐成为必要消费的一部分。休闲体育同样也是这样的一种演化趋势,许多项目在开始时总是少数人(通常是社会有钱且有闲阶层)参与的活动,在这样的情况下,这些项目或活动完全成为个人身份的标志。至少,在一定时期,这样的项目或者活动通常是一定社会阶层所特有的,具有炫耀性消费的特征。如保龄球初期,在中国几乎是白领的运动,能否玩得起首先取决于是否具有一定的经济实力。因此,在这段时期,保龄球成为一种区分社会阶层的活动。随着国内保龄球馆的增多,价格的大幅度下调,这种活动开始大众化,其原先所具有的社会区分作用也就在大众化的过程中逐渐丧失,成为一般性的休闲活动。

8. 其他特征

休闲体育还有个体选择性、竞赛性不强、以有氧运动为主,以及有自主性、高度娱乐性、锻炼效果实效性、很强的社会性等特征,最大特点是活动主体的自由选择性、活动内容和形式的多样性,以及活动效用的综合性,而且活动内容丰富、自由度大、随意性强、趣味性高、参与面广。

休闲体育是人们在工作、学习之余进行的一项群体体育活动,是人们闲暇生活的一项重要内容,可以在欢快、和谐的气氛中,通过各种形式的体育锻炼，增强体质、促进健康、恢复体力、调节心理、陶冶情操、激发生活热情、培养高尚品德、满足精神追求、享受生活乐趣。休闲体育是一种与体能训练相区别的运动，它与竞技运动同样存在着本质上的差异。从当前国际发展趋势来看，休闲体育是当今体育发展的一个主要标志，它的普及和推广范围已经与竞技运动相媲美，并且有望成为一种新兴的体育力量。

休闲体育是人类努力建设的美好心灵家园，它是文明、健康、科学的休闲生活方式。既能使个人的生命健全，又能满足个人的需要，同时能对其形成健全人格起到促进作用。不仅如此，休闲体育还能端正生活态度，帮助树立正确的道德观念，它能丰富人民的精神生活，提高人民的文化水平，改进人民的生活习惯，使人民的生活品质得到有效提升。

二、休闲体育的文化内涵

文化既是人类特殊行为的积累，又是一种具有社会性质的概念。作为一种特定社会发展的产物，休闲体育是一种特定的社会文化现象。休闲体育的文化价值是指休闲体育活动的技术规格、形式，休闲体育设备种类、装饰、商标等各方面所承载和传达的信息属性，如人的精神、文化、心理等。休闲体育作为一种社会文化的价值取向，是当今社会发展的一个亮点。

在一定程度上，文化可以被看作整体社会与个人思想的集合。文化是没有真实形体的，但同时也是实际存在的。文化活动以人为主体，人参与了文化活动的过程，同时表现形式上具有可操作的特点，文化的实在性便从中体现出来了。在休闲体育活动中，文化的表现形式既有人们对休闲体育的认识，也有与其有直接关系的器材和技术运动等。

（一）休闲体育意识

休闲体育意识是休闲体育文化的一种存在形式，人们进行休闲体育的目的是改善自己的生活品质，这种意识直接激励着人们积极参与体育休闲活动，这与动物本能的身体运动有着截然不同的区别，是两种不同的行为动机。它既是个人意识，又是全人类社会体育观念的重大突破，是人类文明发展，同时也是社会文化发展的重要里程碑，是文化在人们的行为意识中存在的一种方式。文化存在于人的休闲体育意识中，受人类所处社会物质文化生活环境的限制。中华人民共和国建立以后很长一段时期，大多数人把追求幸福、美好、多样化的生活方式视为不良作风，对休闲体育的关注不多，对休闲体育的认识更是微乎其微，更不用说谈休闲体育文化了。而改革开放之后，随着我国经济的快速发展和多样化的生活方式层出不穷，人们认识到了休闲体育作为一种有效的途径可以提高生活质量，并逐步被大众所接受。

（二）休闲体育设备

在休闲体育活动中，文化的存在方式也体现在休闲体育的设施这一方面。休闲体育器材是体育休闲活动的基础，也是体育休闲文化的载体和传播工具。在社会经济高速发展的同时，人们对休闲体育器材的需求已不再局限于实用价值，而是对运动器材的美学和文化价值提出了更高的要求。人性化的休闲体育器材，不仅体现了人文关怀，更彰显了它的实用性。因此，休闲体育器材也可以体现出人们的审美文化程度。休闲体育器材作为大众的审美文化载体，其内在的美学和文化价值表现在外在形态和色彩上。一种造型精致、做工精细的组合器材，比起传统的杠铃、哑铃之类的器材，能吸引更多的人前来围观，这不仅仅是因为它的实用性，更是因为它的设计和制造，将美学文化融合到了它的设计和制造之中，让人在欣赏设备的同时，也能感受到运动的乐趣。

（三）休闲体育技术

从文化的角度来看，休闲体育技术是休闲体育文化的一种外部表现。休闲体育强调参与者在休闲体育体验过程中所具有的娱乐元素，它的目的主要是使参与者的身体和心理上都获得快感，尤其是心理、精神上的满足。因此，休闲体育的规则并不想传统体育那么严格，且在技术规范方面的随意性也较大。技术规范主要表现在参与者容易掌握、参与度、娱乐度等方面。同时，为了满足参与者的身体和心理的需要，他们在技术上追求精彩与刺激。这些技术特征既有休闲运动技术本身所蕴含的艺术文化内涵，也包含运动技术所展现的艺术文化和内涵。不管是健身操、街舞、体育舞蹈等音乐伴奏类体育活动，还是滑板、滑冰、滑翔、登山等非音乐类的运动，无论技术标准有多宽泛，都是通过对技术的理解和领悟，再加上身体和表情的表演，来体现技术的艺术和文化价值。所以，任何一种休闲体育运动都具有某种艺术文化，而休闲体育技术则是其文化载体与表现方式。

三、休闲体育文化的创新路径

（一）休闲体育文化的创新策略

1. 结合全民健身运动

全民健身的提出，对体育在我国社会全面发展中的地位与作用给予了高度的肯定。将休闲体育和全民健身相结合是目前我国体育社会价值的具体体现。休闲体育将以其独特的形态与社会价值，构筑起全民健身的新平台，为全民健身运动的可持续发展提供了创新的动力，为人们的小康生活开辟了新的视野。

目前，在休闲的物质基础和时间条件日趋成熟的今天，人们对休闲的价值认识存在着严重的缺陷，科学的健康休闲能力与日益增加的休闲需要之间存在着矛盾。因此，要想实现休闲体育社会价值，就需要根据自己的兴趣和个人条件，积极投身到全民健身活动中来，把休闲体育和全民健身相结合，使得人们积极参与科学休闲活动。因此，在今后的休闲体育发展过程中，要采取相应对策，以促进大众对休闲体育的了解和参与，让体育运动成为大众科学健康休闲的一种重要内容和方式。

（1）国家和各有关部门对全民健身活动给予高度的关注，在政策制定、管理、技术指导等方面大力支持自发的大众休闲体育组织，以吸引和引导更多的人参加休闲体育。随着全民健身运动和休闲体育的不断发展和完善，人们不再局限于时间、地点、场所和组织形式，更多的人开始自发地选择适合自己的娱乐方式，以家庭、朋友、同事、自发组织等形式来进行。诸如此类的休闲体育活动正在成为群众体育活动的主体。

（2）有机结合休闲体育管理、服务等与现代人的生活习惯特征，把休闲体育活动与现实体育活动的需要紧密联系在一起。

（3）在休闲体育活动中，要与我国的传统体育活动相结合，体现出我国传统体育的特点，使其具有弱竞技、强娱乐的休闲价值。与现代西方体育相比，更符合我国民族文化与个性，在开展我国休闲体育的道路上，不失为符合国情的好方法。不仅如此，传承与发扬中国优秀传统文化还要以科学、健康的休闲为前提。

2. 结合社会流动发展需求

社会流动是指社会成员在社会交往空间内由一种身份到另一种身份的移

动。广义的社会流动是指个体在社会中的地位和角色发生变化；狭义的社会流动，更多的是指人们的职业状况发生转变。改革开放后，我国的社会各方面都发生了巨大的变化，其中一个显著特征就是社会流动性的加强。

随着劳动制度、人事制度、户口制度的改革，社会的流动渠道越来越多，人口越来越多，流速也越来越快，其流动的特点主要有两个：所有制结构的多元化和产业结构的调整，导致了社会成员的大规模、整体的迁移，农村劳动力大量向工业转移，城镇劳动力逐步向高新技术产业的生产和加工企业以及相关的管理服务等职业流动；由于农村人口向都市化的流动、农业劳动力的大量过剩以及我国经济持续高速发展的客观需求，使得农村人口的城市化流动已成为当今社会流动的一个重要特点和发展趋势。这一流动，促进了社会经济的发展。我国经济社会改革正在不断发展和深入，经济和社会发展必然会对社会流动提出进一步要求，同时也是经济与社会和谐发展的客观需求。因此，休闲体育的发展必须与社会发展的要求相协调，以满足社会的流动性要求，为以后的社会流动创造更好的环境。

（1）在休闲体育发展过程中，我们应该多多关注流动人口中最大的流动群体——农民工。由于社会改革的滞后和人民思想等原因，导致了部分农民工在城市生活中的地位不平等，他们得不到应有的社会待遇，甚至难以拥有属于自己的合法权利。因此，在开展休闲体育时，要特别关注该群体对休闲体育的需求及特征，并为其提供符合其休闲需要的运动项目和服务，为其积极参加体育活动创造有利条件。

（2）随着我国经济体制的改革，特别是以所有制为基础的多种经营方式，越来越多的原国企工人向合资、独资和民营企业的流动，造成了原有的职工体育运作模式的不适应。所以，应当根据当前社会流动性的现状，有机结合休闲体育和新形势下的职工体育，建立更加灵活、更加多样化的职工体育俱乐部，积极参与社区休闲体育活动，从而更好地满足社会流动的现实需要。

3. 结合社会主义新农村建设

农业经济的发展是建立社会主义新农村的重要条件，打下的物质基础是新农村建设的重要保证。与此同时，随着农业机械化水平的提高，农民的休闲时间逐渐增多，人们对休闲活动的需求也越来越大。而休闲体育在新农村建设中，以其特有的健康价值和科学的、积极的生活方式来实现其社会价值功能。通过体育健身、体育竞赛等多种科学、健康的体育活动作为载体，可以有效地增强乡村的凝聚力，提高新农村建设的向心力，这极大地推动了社会主义新农村建设中科学文明的农村新风尚和全民团结奋斗的共同思想的推崇和建立。所以，把休闲体育和社会主义新农村建设有机地结合起来，是我国农村体育发展的必然趋势。

（1）社会主义新农村建设既促进了农民收入的增长，也促使农民养成了积极健康的生活态度和生活方式。在发展农村休闲体育时，要贴近农村、贴近农民、贴近生活，以适应农民的实际需要，以一种常态化、生活化的运动形式，使广大农民广泛地参加休闲体育健身活动，来增强体质、抵御疾病，以健康的体魄投入社会主义新农村建设中。

（2）新农村内涵是指提高乡村文明水平、提高农民文化素质、弘扬社会主义精神文明的道德价值观。因此，作为建设乡村精神文明的一个重要阵地和载体，要通过开展丰富多彩的休闲体育文化活动来促进社会主义文化的发展，要大力倡导社会主义核心价值观，以健康、积极的休闲体育为载体，培育健康文化，抵制腐朽、落后文化，是新农村建设过程中共同的奋斗目标和价值取向。

（3）在新农村休闲体育发展中，充分发挥民族传统体育的作用。中国传统民俗体育以休闲娱乐为主要价值观。古代民间体育休闲娱乐的特点，主要表现为其游戏的竞技性和与传统体育娱乐相结合。在新的历史条件下，面对广大农村居民的休闲娱乐需求，我们必须认真思考，将其发扬光大，为广大人民群众提供服务，从而形成一个具有中国特色、多元一体的民族休闲文化，同时也是中国民间体育现代化发展的一种文化自觉。

4. 结合学校体育教育教学

近些年，我国针对学生体质状况进行了多次监测。历经多年对检测结果的分析表明，我国学生的体质健康状况逐年下滑，在身体素质指标中，耐力、肺活量、弹跳力、柔韧性等指标下滑严重，学生患近视的比例居高不下且仍旧有上升势头，而且近视越发向少儿化发展。此外，患有肥胖症的学生数量也在攀升。学生体质状况的下滑已经使得全社会予以关注。

目前，导致我国学生体质状况下滑的因素较多，尽管在提倡素质教育和给学生减负的精神逐渐得到落实，学生确实获得了更多的课余时间，但通过走访和观察发现，大多数学生的课余时间并没有用来更多地参加体育健身活动，而是参加了课外补习班或是艺术培训，一些没有报名任何培训机构的学生也用了更多时间来打游戏。这些活动占用的都是应该用来锻炼身体的时间，学生所处的年龄段正是身心发育的高峰期，如此缺乏锻炼必定对学生的身心健康成长产生不利影响。实质上，这个问题是学生所需要的积极休闲能力需求和社会需求相脱节，这一点在现今我国城市的教育中非常突出，而休闲体育在解决这一深化素质教育中出现的发展性问题方面有着独特的教育和社会价值。

休闲体育本身具有娱乐性和教育性的特征，特别是具有的寓教于乐和放松身心的特点使得这与素质教育所提倡的理念非常契合，并不能认为学生参与到休闲体育运动当中只是一个玩耍的过程，认为是浪费时间。其实学生在活动过程中也可以获得不同层面的教育，以及更加多元化地了解这项运动乃至社会的运行规律，这个优势绝不能被忽视。为此，在今后的学校体育发展中，应该切实本着"以学生为本"的宗旨，引进适合学生开展的休闲体育运动项目，让休闲体育活动成为践行教育新理念的良好渠道，从而为学生的身心健康成长和打造健全人格提供帮助。因此，在将休闲体育与学校体育相结合的工作当中应该从以下方面着手：

（1）优化体育教学内容。目前，我国学校现有的教学内容多为一些较为流行的竞技体育运动。为了使休闲体育与学校有更为紧密的结合，应该对学校体育教学的内容进行优化，增加一些具有休闲性的体育活动，既可以使学生在运动中积极参与，享受体育的乐趣，也可以使休闲体育和现代体育课程的内容相结合。现实中，已经有很多学校将一些有趣的休闲体育运动引入了体育课堂当中，如健身气功、太极拳、定向运动等。休闲体育和体育课程内容的相互整合，意味着践行体育教育新理念已经不只是在喊口号的阶段，而是落实在行动当中了，这是对学生个性的尊重，满足了学生的兴趣需要。

（2）培养休闲运动意识。这里需要说明的一点是，学校体育教学始终只是一种培养学生运动意识和掌握基本运动技能的手段，而通过这种手段的实施想要获得的结果是培养出具有完善人格和身心健康的学生。由此可知，培养学生参与休闲体育活动的意识，将这些活动与学生的身心特点、兴趣爱好结合起来，如此会更加激发学生乐于参与这些活动的意识，自觉合理安排自己的业余时间，给休闲活动以必要的时间，特别是将他们从电子游戏中"解放"出来。

（3）建设休闲体育场所。学校里的体育资源相对集中，但随着越来越多学生的就学，体育资源仍旧显得捉襟见肘，更何况是本来就不多的休闲体育资源。为了能够将休闲体育与学校体育有机结合，学校需要在合理规划的情况下建设足够的休闲体育活动场所以及完善相关设施，这是开展休闲体育活动的基本保障。当然，建设相关场地设施需要花费不菲的资金，在开始运营后可以适当收费，但对于学生来说价格不应过高，否则会打击学生参与的积极性。为了解决这个问题，还可以通过挖掘社会公共教育机构场所的校外教育潜能的方法，积极发挥社会公益价值，力求合力解决学校中缺乏休闲体育场所的问题。

（二）休闲体育文化的创新措施

1. 加大宣传力度

休闲体育是文明、健康、科学的生活方式的重要内容，休闲体育的发展会使人们的生活方式、生活品质发生改变，同时有利于提高人们健康水平，各级政府机关要加强休闲体育宣传，充分利用广播、电视、报纸、书刊、文字、音乐等媒体进行引导性宣传，使广大群众在闲暇时间积极参与休闲体育活动。

2. 加大资金投入

（1）在加大中央和地方财政投入的同时，还要拓宽财政途径，鼓励民间资本投入，并通过各种途径来筹措建设资金。

（2）将体育中心列入城市整体规划，在小区附近公园、广场等区域内修建健身场地，为市民提供良好的体育锻炼环境。

（3）依法保障体育用地的安全，对侵占体育场地的行为进行严厉的处罚。

（4）充分挖掘和利用各种具有地域特色的天然体育场地，并根据不同体育项目的特点，进行充分开发利用。

3. 加快学科建设

在各级学校设立休闲体育相关课程，促进休闲体育的快速发展。参与户外运动是进行休闲体育最好的方式之一，其对生活影响的持久性是保持兴趣的决定性因素。所以，应尤其加强对青少年学生的休闲体育教育，让他们在较小的年龄养成休闲意识，做到充分利用周围的环境，体验休闲体育活动的快乐。各级政府机关要建立休闲体育研究组织，发布各类休闲体育期刊。除此之外，还应组织有关专家学者编辑出版体育技术、卫生知识和休闲娱乐活动的书籍、画册、音像制品，以满足人民群众对休闲体育活动娱乐、实用等方面的需要。同时，应加大开发和设计休闲体育用品的力度，以生产出满足不同需求，拥有不同功能且价格合理的健身用品。

4. 转变消费观念

体育是一种生产性事业，在市场经济的背景下，一些体育服务将会进入市场流通，并最终转化为商品。它的经营和运营是按照商品流通的规律进行的，且在体育活动中，建立以销售体育服务为主的体育市场，并能带来一定的经济利益。所以，要彻底改变把体育当作纯粹消费活动的思维方式，运用市场经济理论和方法进行体育经济体制改革，把社会和经济效益有机统一起来，以国家面向市场为导向，从"办产业"到"管产业"，逐步转变消费观念。

5. 引进培养人才

体育管理人员短缺，已成为当前影响我国体育产业化发展的重要因素。必须通过各种途径，加强体育管理人员的培训，例如举办体育专业培训班，对体育管理人员进行培训，同时也要招募既懂经济又热爱体育的人才。根据市场实际情况和潜在的需要，加大对体育市场的调研力度，以引导消费，促进消费者对体育服务的消费意愿。

6. 坚持法治道路

休闲体育市场要走上法治道路。社会主义市场经济要以法律为基础，而体育经济也要走上法治道路。如果不加强管理，就会给某些以营利为目的的不法经营带来机会，给国家和人民带来巨大的损失，从而影响我国体育产业的健康发展。为此，我们需要加速体育市场的立法工作，构建符合市场经济规律的体育法律制度，正确处理好体育领域内的责、权、利三者之间的关系，以促进我国休闲体育市场的健康、有序发展。

总之，休闲是我国经济社会发展背景下人民物质文化需要日益增加的体现。休闲体育作为一种新兴的体育观念，已经成为健康科学休闲的重要一环。休闲体育给人们带来的生活方式是文明健康、快乐幸福的，随着人们对休闲体育的内涵和社会价值的不断深入理解，休闲体育将在人们的广泛关注和参与下，不断完善与成熟，并充分发挥其社会价值功能，从而为全面建设协调持续发展的和谐社会作出贡献。

第二节 竞技体育文化的建设与发展

一、竞技体育文化的理论体系

（一）竞技体育文化的解读

事物都始终处于发展状态之中。在长时间的体育运动实践中，竞技体育的概念和内涵同样一直处在持续发展的过程中。我国最早研究和界定的"竞技体育"概念是在 20 世纪 70 年代提出的，体育由大众体育与竞技体育组成，竞技体育就是研究运动训练科学性、探索运动训练规律、夺取比赛优胜的一个体育分支，是在全面、最大限度地发挥人的潜力基础上，创造最佳运动成绩的运动活动过程。近年来，在我国越来越深入地研究竞技体育的背景下，我国一些学生针对竞技体育的概念提出了崭新的想法，可以总结概括为，竞技体育是一种竞争性的体育活动，其主要形式是比赛，所追求的结果是力争在运动成绩上超越他人或者实现自我超越。

竞技体育文化是先进体育文化的一种类型，对人类提高自身身体素质、健全自身人格、树立健康向上的世界观和人生观都有积极影响，也密切关注人和自然、人和社会，想方设法把个体之间的公平、公正、彼此支持、彼此促进凸显出来，是有助于构建融洽的人际关系以及国际关系的体育文化。

（二）竞技体育文化的特征

1. 规则性

竞技体育需要在公平、公正、公开的环境中进行，达成这种有序性要求的直接措施是针对竞赛双方的运动员制定具有强制性特征的竞赛规则，进而确保在竞技竞赛基础上演变而成的竞技体育文化具备鲜明的规则性特点。与此同时，竞技体育文化能够推动参赛运动员在参赛之前，甚至从小时候接触特定项目的运动训练时就了解具体项目的竞赛规则，不然运动员将无法充分掌握特定游戏的运动进程。另外，由于现代各体育单项组织均在主动探究运动项目的未来发展之路，比较常用的一项措施就是调整和完善规则。倘若运动员没有及时理解和掌握运动项目的规则,将会增加其在竞赛中获胜的难度。

由此可见,竞技体育文化就是以物对人的制约以及主体之间的彼此制约。就和平年代而言,体育竞赛就是最好的"战争"形式,同时由于当今竞技体育在朝着商业化与职业化的方向发展,所以比赛胜负往往在很大程度上决定着利益归属,由此使其有更大可能把人们内心的欲望借助运动的形式凸显出来。但是,为确保运动竞赛达到有序性和公平性的要求,就有必要制定出供大家共同遵守的规则,从而为参赛运动员带来一定的限制,为比赛全程的客观、公正提供保障。换句话说,竞技体育的规则是一种自我约束机制的产物,是体育文化内部各类形态的重要基础。

2. 选择性

竞技体育活动的主体选择活动共同组建了竞技体育文化的选择性特点。因为竞技体育活动的内容具有多样性特征,所以向参与者提供了很大的选择空间,但很多竞技项目都设置了很高的准入门槛,这同样是对参与者的选择,由此可知,竞技体育活动和人们对它的选择属于双向行为的一种类型。形形色色的社会角色在从事体育活动时往往有自己的选择,确定这种选择的主要依据是活动内容、活动主体以及社会角色,与参与主体特征以及具体状况不吻合的竞技运动必然会被排除。

因此,活动内容和主体角色是广大群众选择竞技体育活动内容的决定性因素。竞技体育运动员选取的活动内容往往会在形式方面反映出十分明显的专门性特征,其中有很多运动员在其他领域也获得了出色的成绩,但在多个领域取得出色成绩的运动员比较少。这种情况主要产生于同一种类型的运动项目中,如一些田径运动在短跑项目和跳远项目上都占据很大优势,原因在于这两项运动中的很多技术都是共通的。

明确确定竞技体育的参与主体与内容之后,就可以反映出竞技体育文化的选择性特点就是选择活动方式,其能够反映为对各类运动的选择,还能够是对同一项运动在实现运动参与质量上或者目标上的具体选择。就都是参与足球运动的专业足球运动员和普通大学生来说,前者参与足球运动旨在获得更理想的名次,从而得到更加可观的收益,后者参与足球运动同样有竞争性,但这种竞争主要是精神层面的向往。

3. 互动性

竞技体育活动的互动性特征在多数情况下是利用主体的互动表现出来的,

在参与竞技体育活动时，主体不可避免地会在很多层面有所互动，如集体性竞技运动中队员中的场下沟通与场上配合等。除了场外观众缔造出的竞技体育文化的互动性以外，很多体育活动中的活动内容互动都能够使它们在形态上产生越来越多的相似之处，由此促使具备某种互动的可能性大大增加，即活动主体在互动中对活动内容认识之后的具体结果。各种类型的运动形态都存在项群特征，同时反映出特定的相似性，如乒乓球运动就是在网球运动的基础上演变而成的，这两项运动在很多层面都有相似之处，这里提及的相似性在橄榄球运动和足球运动、篮球运动之间同样能发现。

4. 渐进性

经过很长时间的发展和演变，竞技体育才发展成我们看到的样子，其起源于广大群众时常参与的游戏或者生存技能教学活动中。在此之后，在人类社会持续进步的背景下，人们抢占资源的行为出现在社会各个方面，竞争意识由此形成。随着时间推移，这种意识慢慢渗透在体育运动中，竞争的内涵逐步发展成体育运动的重要内涵。发展至今，竞技体育已经演变成在人类体育运动文明中发挥关键性作用的体育运动方式。

渐进性特征同样是由竞技体育的主体呈现出来的，主要通过纵向和横向两个方面反映出来。具体来说，纵向反映是指活动主体实施体育后在身体发展和心理发展两个层面的渐进过程，横向反映是指实施体育以后产生的各种类型的层次主体。

竞技体育的渐进性是活动主体在长时间的体育运动实践之后获得的经验集合，主要目的是确保这些经验对体育运动活动产生反向指导作用，从而更加高效地实现体育活动目标。

5. 多样性

从本质上来说，竞技体育由多元化内容组成，其并非简单意义上的人与人之间的比赛或者团队与团队之间的比赛。就参与竞技体育的各类角色而言，每个角色往往会在竞技体育文化中产生截然不同的形态。例如，运动员和教练员都是运动竞赛的主体，但两者扮演的角色存在很大的差异，两者在相互协作的过程中力争得到满意的成绩，最终获得事先设定的物质收益以及精神收益。

观众虽然不是体育竞赛的参与主体，却是竞技体育中无法替代的客体，愉悦身心是他们欣赏体育赛事的目的所在。现代竞技体育产业化发展恰恰是在赛事对观众有巨大吸引力的前提下逐步发展起来的,如果大批量观众不复存在,竞技体育运动的产业化发展将会遇到很大的挑战。

可以将竞技体育的组织者理解成竞技体育产品的生产人。在当今社会,体育赛事被很多人理解成一种产品,而生产者的生产水平对体育赛事产品的实际价格有直接影响,而体育赛事产品产生的最终收益就是竞技赛事生产者得到的收益。毋庸置疑,这里提及的给赛事产品卖出好价格仅仅是竞技体育价值中的类型之一。除了得到很多经济收益以外,组织与销售精品赛事也能在政治领域以及多元化的经济领域获得巨额收益。

竞技体育拥有多重文化内涵是竞技体育反映出多样性特征的一项重要原因。竞技体育文化在内容方面同样存在独特指向,该点着重反映站在竞技体育运动的参与者身上,如运动员和广大群众。运动员作为竞技比赛的参与者往往会设置清晰、肯定的目标,他们要根据运动队或者组织者指定的活动内容进行。与制定明确目标的运动员相比,广大群众参与的竞技比赛比较随意,拥有很大的选择空间,但其内部存在的"竞争性"较小。由此可见,体育活动内容的多样性是造成活动方式多样性的决定性因素。当体育活动的目标和内容出现变化时,活动主体就会凭借与之前有差异的方式参与进来。

(三)竞技体育文化的价值

1. 道德建设

从我国竞技体育教育来看,各个体育运动队都会经常开展一些爱国主义教育和集体主义教育,这样能够更好地帮助运动员树立正确的世界观、人生观、价值观,形成良好的运动风尚。在竞技比赛中,中国运动员所表现出来的不屈不挠,勤学苦练,不断钻研,不断创新的精神;同心同德,团结战斗的集体主义精神;胸怀祖国、放眼世界、为国争光的精神;胜不骄,败不馁的革命乐观主义精神和英雄主义精神,这些都对我国各个行业有着非常好的示范作用,同时这也是中华民族得以复兴的重要前提和宝贵财富。

2. 公平意识

在竞技体育运动中,所有的项目都要遵循一定的规则,规则要求参与比赛的所有人员包括参与比赛的运动员、教练员以及比赛相关管理人员等都要遵循公平、公正的原则来开展活动。所以说,如果缺少了公平原则,竞技体育就难以顺利开展。竞技体育运动员在比赛中起点相同,其比赛成绩都由共同的尺度来衡量。如果所采用的尺度不同，那么比赛就难以顺利开展；在比赛结束之后，对于比赛胜负结果需要采用共同的尺度来进行判断。

在竞技体育中，所有运动员都享有自由、平等的权利，要在正当的竞争条件下努力获得比赛的胜利。在比赛中，所有的运动员都要严格遵循公平竞争的原则，根据既定的比赛规则来参加比赛，避免出现不正当的竞争行为。所以，在人类发展中，竞技体育的公平竞争意识发挥了非常重要的作用。

3. 竞争观念

同其他体育运动不同的是，竞技体育的竞争性是非常强的。这种竞争性使得竞技体育对我国文化产生了非常深远的影响，在对社会竞争意识的弘扬方面发挥了非常重要的作用。

在中国传入竞技体育之后，社会的各个层面都产生了相应的变化，同时，中国体育文化也受到了一定程度的影响，甚至是冲击。在竞技体育文化传播的过程中，一些健康的、积极向上的竞争意识开始渗透到社会各个层面。这对于促进中国多元价值观的建立与发展起到了重要的作用。从某种角度来看，西方体育中的竞争观念与市场经济发展的相关要求是非常契合的，伴随着时间的不断推移，不断显现出了竞技体育中竞争意识的价值。

4. 国际化观念

竞技体育在各国传统历史、意识观念、文化观念等诸多因素的影响下表现出了不同的特征。但竞技体育无国界，它是人类共同的一种文化形式。从某种意义来说，竞技体育已经逐渐发展成了世界全球化的人类语言，从而使得世界各国人民之间的沟通和交流得以增加，对世界和平起到了良好的促进和维护作用。

改革开放后，我国竞技体育得以非常快速地发展，并且受到世界很多国家的关注。我国的竞技体育在一些国际性赛事中获得金牌，从而将体育的重要地位愈发凸显出来，增强了国人的信心，激发起了国人的自豪感，也为中华民族的伟大复兴奠定了基础。

在竞技体育中，对公平、公正、公开的竞争意识进行倡导，事实上就是树立一种和平竞争的国际化观念。竞技体育在我国发展中产生了非常重要的影响，能够促使我国应对经济全球化、政治多极化、文化多元化的国际社会环境，以便立足于世界民族之林。

（四）竞技体育文化的发展意义

1. 竞技体育文化对人本和谐的构建

人本和谐的理念主要在于"以人为本"的行为方式。一直以来，所有人都是发展的主体和促进动因，所以只有身处宽松良好环境的人们才能对特定领域贡献应有的力量。这里提及的环境涉及方方面面，个体的内在环境或者外在环境都在这个范畴，如个体内在的身心健康、个体外在的社会适应水平等。竞技体育文化能够塑造人本和谐的关键在于竞技体育的参与者往往能同时得到身体发展与心理发展。

2. 竞技体育文化对人际关系的构建

就当今社会来说，仅凭自身能力独立完成任务的状况不断减少，这种现象使社会朝着多元化方向发展已成为必然，而这种现状就要求人们需要在他人的配合和帮助下完成一项任务，从而人际关系的处理应运而生。倘若个体能够灵活处理人际关系，则有助于更加高效地完成相关工作，反之则会遇到各种各样的阻碍和困难。

要想和他人形成融洽的人际关系，需要重点追求的目标就是可以和其他人形成公平、公正的状态，如果个体打破这种平衡状态，则难免会产生一些人际关系问题。当人际关系比较顺畅时，任何人都拥有各自的权利和义务，同时权利和义务对每个个体而言大体统一，尤其是在团队中切莫对一些人采取特殊待遇。如果这样，就会使一直处于和谐状态的人际关系遭到破坏。原因在于人本身就是一种情感类生物，人的想法与精神状况难免会因为经历相关事件而出现或多或少的变化。但只要个体始终秉承人际和谐的总则，即便个体之间产生某种冲突，仍然能够在沟通之后回归到正常状态，从而对整体目标以及效能产生的作用不明显。

在详细阐述人际关系的基础上，把人际关系和竞技体育文化融合在一起后能够发现，竞技体育蕴含的尊重客观、奉行公平、公正的原则恰恰反映出了人际关系融洽的关键性条件。受这项原则的影响，参与体育竞赛的各国运动员不只有身后的背景和身份，对于所有在相同规则限制下参与同一个运动项目的运动员而言，只要他们凭借自身的体力与技能参与角逐，那么比赛的唯一标准有且只有运动员的运动成绩。由此可见，竞技体育中人和人之间平等、和谐的关系是多么重要。

现代竞技体育朝着产业化发展已成为一种必然趋势。以过去为比较对象，产业化发展趋势下的竞技体育包含类型更加多元化，其中关于利益的争夺正在朝着日益激烈的方向发展。为了实现利益最大化目标，很多人丢掉了大力倡导的体育道德风尚，开始使用形形色色违背体育道德的手段。例如，为获得更多荣誉，一些参与体育竞赛的运动员使用兴奋剂。另外，政治因素对体育产生的作用也导致越来越多的国家因为各种各样的理由抵制奥运会等。这些打破和谐的因素必然会对竞技体育的长远发展带来阻碍。总之，竞技体育中隐含的这种文化内涵对构建人和人之间的和谐关系有很大的正面影响。倘若人们违背这些规则，则会使竞技体育的发展停滞或者下滑。

3. 竞技体育文化对人与自然和谐的构建

人和自然的和谐是指在人类社会的发展历程中不单单要关注人类，还需要对自然给予应有的关注，从而最终达到人和自然、生物和非生物、时间和空间等方面的协调。由于人类所有方面的发展都无法脱离稳定和谐的自然环境，所以人类要在行动上高度重视与自然的和谐。就竞技体育而言，竞技体育和人类在自然中的生存相同，其存在必须依附特定的自然环境。竞技体育要想实现可持续发展的目标，必须利用并保护自然环境，努力使这两个方面保持协调统一的关系。

在人类社会持续发展的背景下，广大群众生存所依赖的自然环境正在朝着越来越恶化的方向发展。依托自然环境的竞技体育往往需要以人和自然和谐为基础，不然竞技体育运动就难以反映出阳光、向上以及积极的内涵。为此，国际体育界也在各个方面作出了极大的努力，提出了一些切实可行的关于举办竞技体育比赛的同时保护自然环境的措施，以求避免竞技体育赛事对环境产生较大影响。

现代竞技体育中"绿色"理念的深层含义就是体育和自然环境的共生以及彼此关怀，充分彰显了人类在竞技体育中对大自然的关切以及人道主义精神。立足于这个视角分析问题，不难发现竞技体育文化中蕴含并倡导的"绿色体育"理念大大推动了人和自然之间和谐关系的建立，由此也就演变成竞技体育运动可持续发展的一个关键性因素。

二、竞技体育文化发展的方向与对策

(一)竞技体育文化的发展方向

1."享受体育"的发展方向

竞技体育是人类对自身运动能力发出的挑战,是人类对健康和美的强烈向往以及不懈追求,是人类现代文明发展进步的窗口之一。在这种理念的影响下,竞技体育存在的意义不再只局限于获得更满意的比赛成绩。与此同时,竞技体育文化同样需要向"享受体育"的方向发展。"享受体育"的内容涉及很多方面,可以是运动员在比赛场地上享受比赛的过程,可以是裁判员在比赛场地外享受指导比赛的过程,也可以是在比赛场地周边观看比赛的观众享受欣赏体育比赛的过程。

就追求竞技体育的运动员而言,最终有且只有一个人或者一支队伍可以攀登高峰,绝大部分竞技体育运动的参与者都会成为名次上的失败者,部分运动员可能会倾注一生的精力来攀登巅峰但并未登上领奖台。没有登上竞技体育巅峰的运动员可能是名次方面的失败者,但并不是说他们从事竞技体育事业是不正确的选择。竞技比赛有赢就必有输,但获得成功或失败的运动员都会得到成功带来的愉悦感,以及失败带来的经验和教训。

在竞技体育的比赛场上会有很多高水平运动员参与竞赛,比赛结束后会获得其他人没有的人生经历以及感触。由此可见,对于比赛中成功和失败的双方,这些经历与感动都是他们一生不可替代的宝贵经验。由此能够得出,竞技体育文化的发展必须灵活拓展"享受体育"的发展方向,这具有很大的必要性,它不但能给体育运动参与者带来很大的价值,还能加快体育文明的发展与进步。

2."人文理念"的发展方向

在竞技体育文化的各个发展环节,坚持人文体育理念的发展方向同样是一项必须达到的要求。人文体育理念不单单是 21 世纪竞技体育的重要价值观,还是社会持续进步的助推剂,促使人类获得全面发展是竞技体育事业的终极发展目标。人文体育理念具体反映为个体均衡发展是不断提升自身生存机会的过程,从全局展开分析,健康、长寿、获得优质教育、生活幸福指数高是人类发展的重要指标。

竞技体育文化坚持人文体育理念的发展方向,是遵循社会发展规律的具体表现。要想促使人们深刻领会人文体育理念的要义，确保竞技体育发展始终把发展核心定位成社会发展以及个体全方位发展，坚持"以人为本"能够为竞技体育文化的发展注入巨大的动力。要想方设法使广大群众深刻理解坚持参与体育锻炼的意义，如提高自身免疫能力、提高工作效率和学习效率、愉悦身心、提高生活品质。

与此同时，加大对运动员的人文关怀力度同样有很大必要。在训练过程中应当有意识、有目的地对运动员实施科学知识教育，采取多种途径提高运动员的自学能力和整体素质，确保运动员可以在训练与比赛中清晰辨识各种利害关系，坚定不移地遵守竞技体育比赛规则，建立健全运动员退役后的保障体制，减少运动员的后顾之忧，从而保证运动员能够把全部时间和精力投入训练和学习中。人文体育理念提出，运动员和体育锻炼者都有必要科学利用体育发展自身，在体育中找到快乐，采取多种途径使得自身的身体素质和心理素质都得到大幅度提升。

在竞技体育文化的各个发展环节，坚持人文体育理念的发展方向有助于吸引专家和学者将更多时间和精力分配在研究竞技体育文化的工作中，使得我国人文体育领域的研究更加丰富。在积极引进国外人文体育理念时，还要想方设法完善和充实我国体育文化理论研究体系。

（二）竞技体育文化的发展对策

1. 全面协调、科学化的发展

竞技体育文化在发展的过程中要坚持全面、协调的科学化发展理念。竞技体育文化的全面协调发展就是要摆正竞技体育事业在国家经济与社会发展中的地位，要处理好竞技体育事业与体育事业的其他组成部分之间的关系，要处理好竞技体育事业自身各种功能、各个构成因素之间的关系，还要处理好竞技体育事业与社会其他组成部分之间的关系。

要想实现中国体育强国的战略目标，就必须促进中国体育事业全面、协调发展，不放松体育事业发展的各个环节。注重大众体育、学校体育、社区体育的共同发展；在社会发展水平低、经济条件落后的地区，要采取一定的措施和手段加强人们对竞技体育文化的认识，加大农村偏远地区体育事业的发展。这样才能推动我国体育事业全面、协调发展。

2. 人与自然的可持续发展

牢牢坚持人和自然可持续发展同样是竞技体育文化发展过程中应当达到的一项要求，具体就是在确保竞技体育文化可持续发展时，还必须牢记保护大自然的使命。竞技体育是人类社会生活的组成部分之一，竞技体育发展过程中不可避免地会对周边城市的生态环境产生负面影响。例如，要想有序开展大规模的体育比赛，就不得不修建大面积的场馆，充分准备必要的设施与设备，为此就有可能需要砍伐森林、侵占农田等来达到兴建体育场馆设施的目标，如此必然会或多或少地破坏自然环境。当前，竞技体育破坏自然环境的问题得到不同领域的关注和思考，同时多个领域已经开始采取措施维持人和自然环境的协调发展。

3. 与国际社会的协调发展

从全局分析，竞技体育文化的发展具有多元化特征和多样化特征，已经不再局限于闭门造车式的发展，此外还有必要密切关注世界竞技体育发展的节奏，并试图成为其参与者和发展者。例如，我国在乒乓球、羽毛球、跳水等运动项目上占据优势，所以我国不单单维持和提高这些运动项目的成绩，还应当采取多种途径扩大这些项目的推广范围与普及范围，进一步强化和世界其他国家的沟通及交流。就网球运动、台球运动、冰雪运动等潜在的优势项目而言，我国应当以积极主动的态度学习并吸取其他国家的成功经验，促使我国竞技运动项目的整体水平持续提升。对于我国的劣势项目，应当自觉舍弃放任自流的态度，坚决抵制任由这些运动项目自生自灭的做法。竞技体育和竞技体育文化发展至今，已经和国家社会构成了协调发展的态势，坚信在今后很长的时间内产生变化的可能性极小。

第三节 民族传统体育文化的建设与发展

一、民族传统体育文化的界定

（一）民族传统体育文化的文化范畴

民族传统体育文化是一种体育文化形态，其文化范畴应该在体育文化范畴和民族传统文化范畴之内。从体育文化的角度来看，民族传统体育内容多、涉及面广。在一些民族传统体育的相关学术著作中，一些学者关于民族传统体育的概念界定具有一定的共性。概括地讲，民族传统体育，是某一个或几个特定的民族在一定的范围内开展的、保留旧时代特征的、具有影响力的体育活动。

从民族文化的角度来看，民族传统体育文化属于民族性的，是中华民族在长期的生产生活中创造出来的一种具有体育性质的文化。民族传统体育文化萌生于中国华夏文明，受中华传统民族文化的影响较深，与中华民族传统文化有着密切的联系，是中华传统文化和民族文化的重要组成部分，是中华民族传统文化的一种重要的文化形态。

综上所述，民族传统体育文化是一种民族性的体育文化形态，民族传统体育是一种在中华民族传统文化影响下的、在不同地域开展并获得传承的、具有浓厚民族特色的体育文化，是在华夏各族人民群众的生产生活实践中逐渐衍生出来的，是人类社会一项特殊的文化活动方式。它与民族特点和习惯融合后形成了颇具民族特色的文化、心理、哲学思想、价值观念、宗教信仰和伦理道德，属于一种民族精神生活领域的文化。

（二）民族传统体育文化的存在方式

文化形态的存在方式是多样化的，各种文化现象生成的方式有很多种，如直线型、螺旋上升型等。与其他文化形式不同的是，民族传统体育文化是以各种文化"点"的形式存在的。

就民族传统体育来说，在其自身的生存、发展过程中，不同民族和地域中的民族传统体育文化都是以一个一个的"点"的形式出现，而后众多的"点"再聚集成文化主线，这些"点"的分散并不是无限制的，它们围绕在民族传统体育文化这一条主线的周围。民族传统体育的文化主线在历史发展过程中形成一条文化发展轨迹，成为民族传统体育文化的产生、发展脉络，也表现出民族传统体育的主要存在方式。民族传统体育文化围绕着文化的发展主线在其附近不断地演化和发展。

民族传统体育的产生是一个长期孕育、演变的过程，其发展更是一个长期积累、选择、变异、冲突、交融、定型的过程。在这一过程中，民族传统体育文化生成的"点"是分散存在的，彼此独立存在又有着一定的联系。

二、民族传统体育文化的构成

文化的发展需要一个长期的发展过程，我国民族传统体育文化的发展也不例外，早期的民族文化尚未形成，而是处于一个文化的积累时期。民族传统体育文化随着各民族群众生产劳动与生活方式和文化积累与传播方式的改变，逐渐显现出了更多的民族文化的教育、娱乐、健身等多元价值，并逐渐发展成为一个完整的体育文化体系。

在与其他文化形式和内容的不断交流、融合中，民族传统体育文化更加表现出民族特色，而各民族的体育文化共同构成了整个中华民族的体育文化。相对于西方现代体育，表现出了更加健康的民族心理与自强不息的民族精神。

（一）物质文化

文化是由一定的文化结构构成的，在民族传统体育文化产生发展过程中，民族生存与竞争、社会劳动生产过程中的体育思想物化是民族传统体育产生、发展的基础。人类逐渐形成的文明与动物的最大区别就在于它可以进行有组织的生产劳动，并且还学会了使用工具甚至制造工具。这一切都是社会形成的根本，同时也是民族文化创造的根本。起初人类进行的文化创造较为简单，可能还不具有连贯性和稳定性，不过可以认定的是最初的文化创造都是从最基础的对客观事物的改造开始的。在民族传统体育的产生过程中，早期人类简单的生存方式、劳动技能等，都是其产生的重要文化基础。

（二）社会意识

在文化体系结构中，制度层面是文化的一个重要层面，民族的传统体育文化的产生及其发展都是在人类社会中进行的。民族传统体育是人类社会发展过程中产生的一类比较奇特的文化活动，通过它的举行，可以体现出非常理想的民族社会集体意识，即个体服从集体的意识。当然，这并不是说所有的民族传统体育项目都是集体项目，这里强调的问题是，即便是以个人为单位参加的体育项目，其也要受制于社会和集体的约束。因此，从这个层面上来讲，民族传统体育文化的社会意识促进了其民族特性的产生，这也是我国民族传统体育文化区别于其他文化形态的重要表现。

（三）精神内涵

文化的基本功能是从深层次制约和支配个体的行为和社会活动方式，民族传统体育文化是一种超越性的文化，其文化内涵存在于更深层次的精神层面。民族传统体育中包含着几乎所有民族元素，如民族意识、价值观念、宗教信仰、伦理道德、审美情感等，这些是民族传统体育文化的重要精神内涵。

在民族传统体育文化的产生与发展过程中，民族传统体育的精神文化以民族传统体育活动作为客观实体加以实际的展现，以此来实现对中华儿女精神世界的改造。

精神性是民族传统体育文化的核心部分。民族传统体育文化的精神性包括诸多内容，如民族意识、文化心理、哲学思想、伦理道德规范、审美心理与文化财富等，这些精神文化对民族传统体育文化的生成产生了极为深刻的影响。

在民族传统体育的精神文明层面，一种民族心理素质是区别于其他民族的一种最显著的心理特征，同时，民族心理素质也是本民族人对自己民族认同感的源泉。人的共同心理素质是同一民族内的每一个人都有一种普遍的对同种文化和习俗的认同感和参与感，这是民族传统体育生存的根本。

三、民族传统体育文化的特点

（一）民族性

民族传统体育文化的产生具有民族性特点。民族性是民族传统体育文化区别于其他体育文化的根本性质与特点，是文化具有民族性的独立文化体系建立的基础。

从民族性是民族传统体育文化的名称来看，"民族"是一个重要的限定词，民族性是民族传统体育文化的民族性，主要是指在特定的民族文化类型中，作为其基本内核而存在的民族文化，是对于特定文化类型最高层次的概括。我国地域辽阔，民族众多，某一地区的一个民族或几个民族所处的区域环境以及由区域环境带来的自然条件不同，使各个民族都在自己文化背景的基础上形成了有别于其他民族的传统体育活动方式。

在人类文明的发展历程中，几乎每个民族都有与其他民族不相同的风俗习惯、生活方式和民族情调。在我国，各族人民以其聪明才智发明创造了具有民族性的民族传统体育文化。我国民族传统体育的形式都与其本民族的文化特色有莫大关系，如我国的北部和西部的游牧民族以牛、马、羊等畜牧业为生，因而他们对这些牲畜的习性和能力有着很深的了解，这也使得在他们的生活中，包括他们开展的传统运动项目，都不会缺少这些动物的参与。赛马正是马文化的反映。

民族性是民族传统体育文化经过几千年的演变、发展而固定下来的文化特性，目前已成为各族人民生理、心理、身体形态及思想观念的特殊标志。民族性是民族传统体育文化根植于各民族的民族意识、民族心理之中，并世代传承下去的民族文化性格。

（二）民俗性

民族传统体育文化的民俗性是在传统体育与民族风俗习惯紧密结合、互相渗透的过程中形成的。民族传统体育文化的交流不仅在于形式，更重要的是思想、文化、感受、体验，以及在此基础上形成的文化认知与认同。

民族传统体育文化的民俗性与民族传统体育文化发展之间具有非常密切的关系。

一方面，传统体育丰富了民族传统体育文化的民俗内容。节日、庆典等民族风俗为民族传统体育文化活动提供了良好的场所，民族传统体育文化的各种民俗活动为民族的节日增添了内容和色彩，使之相得益彰，交相辉映。

另一方面，在民族传统体育文化的发展过程中，其风俗性促进了民族传统体育文化的深化和发展，比如，有的节日、歌会、庆典活动包容了传统体育，有的传统体育融进传统节日、婚俗、祭奠活动中，有的传统体育项目贯穿于各种民俗中。民族民俗是民族传统体育文化产生、发展的重要基础。

（三）历史性

民族传统体育文化的形成具有历史性，民族传统体育文化是在特定的历史条件下产生并发展的，民族传统体育文化是一种历史凝结。民族传统体育文化有着较为悠久的历史，其悠久的历史性包括民族传统体育文化的起源、传承与发展过程，至今仍完整保留着民族传统文化的特征与性质。

任何一种文化的产生与发展都要经历一个较长的历史时期，都要受到客观历史条件的制约，民族传统体育文化的产生与发展也不例外。

第一，民族传统体育文化的历史性特征决定了民族传统体育文化的发展在特定的历史时期表现出一定的时代特征。民族传统体育文化的存在和发展必然是符合时代发展的趋势的，它是代表时代精神的一种"契合"型文化。对于民族传统体育文化的解读，要将其还原到历史的背景之中去。只有这样，才能更好地、更加透彻地理解民族传统体育文化存在和生存的社会环境,有助于促进民族传统体育在现代的可持续发展。

第二,民族传统体育文化的历史性特征决定了在历史变迁中,传统体育及其文化会出现兴衰存亡的不同状态,有些甚至早已消失,而有些直到今天依然被人们传承,如武术、摔跤、秋千、风筝、龙舟、射弩、龙狮、赛马等。这些项目在今天仍旧没有停止发展的步伐,并愈发完善,成为我国人民喜爱的民族传统体育项目。

(四) 地域性

民族传统体育文化的地域性与各民族生产生活的地理环境具有密切的联系。不同民族所居住的地区不同,以不同的生活生产方式发展自身经济、文化,这就使得在不同地理环境中生存的不同民族的民族传统体育文化与民族所居住地区的环境相契合,表现出区域性特点。

地理环境对民族传统体育项目的诞生具有重要的影响作用,"北人善骑,南人善舟"正充分说明了这一点。在早期人类社会,由于交通与通信不便利,民族传统体育文化在各自民族生产生活区域发展,这也使得各民族的民族传统体育文化表现出明显的地域性特点。不同的地域人文环境、心理和性格,使得我国各民族体育文化有异质性差异,进而形成了不同的民族体育文化,如风俗习惯、民族心理等。比如,北方人崇尚勇武、豪放,因此,力量型的项目较为突出,如摔跤、奔跑、搏斗、举重等;南方人的性格趋于平和而细腻,富于思考,擅长心智活动类和技巧型项目,如游泳、弈棋等。

(五) 适应性

在民族传统体育文化的形成与演变过程中,民族传统体育文化表现出了强大的生命力,这使得民族传统体育不断适应人类社会发展,这种顽强的生命力的形成,正是得益于民族传统体育的良好适应性。

民族传统体育文化历史悠久,历经几千年的发展,早已与华夏民族在心理和生理两方面上实现了完美融合,具有能够满足不同层次人群体育运动需要的广泛适应性。

民族传统体育文化良好的适应性使得民族传统体育文化的开展更加普及,几乎使得民族中的每名成员都能有机会参与其中,因此,民族传统体育文化发展到现在,仍然在人民群众的生产生活中具有重要的影响力。以民族传统体育文化的各种体育项目为例，其中的龙舟、赛马、摔跤、射箭等，这些对抗性激烈的民族传统体育项目，通常是男性展现自身实力的平台，而一些更多依赖技巧和平衡的项目，如秋千、跳板、跳绳、舞蹈等则更受女性青睐。

目前，我国许多民族传统体育运动项目仍是大众体育健身的重要内容。在各种民族传统体育运动项目中，参与较多的体育人口主要以青壮年为主，在我国各少数民族中，族群里的老人在年轻时几乎都经历过这些运动的挑战，他们也会对青年参与运动提出有益的指导，或是作为权威裁判参与到比赛之中。

随着民族传统体育文化在现代社会的发展，民族传统体育文化的适应性仍然促进着民族传统体育文化的不断发展，并未被现代社会发展所摒弃。在市场经济发展成熟的现代社会，我国一些地区的民族传统体育文化更是找到了其在新时代的可持续发展路径，传统体育文化活动开展的意义早已不只是体育活动这么简单，它更是作为一定的社会关系交往与人文交往的总和，是不同民族生产、生活、民俗等的综合体现，对外具有强大的吸引力，是发展体育旅游的重要原生态、可再生的体育旅游资源。

（六）交融性

各民族许多传统的体育项目都是在人们进行体育活动时，相互交融、共同学习，最终达成统一，这种现象称为"文化臻合"，它体现了民族传统体育发展规律中的共融性特征。我国具有丰富的民族传统体育文化。但是，我国民族传统体育文化不是各族的各种形式的简单组合，从文化层面上来讲，我国民族传统体育文化的外在形式是不同民族开展的体育文化活动和运动，这些民族传统体育活动背后蕴含的民族文化非常丰富，是一种多元文化交融所构成的复合体。民族传统体育文化的交融性表现在多个方面，具体如下：

首先，不同民族传统体育运动项目之间，相互交流与借鉴，不断自我完善。

其次，民族传统体育文化与其他文化、艺术形式与内容相结合，促进自我文化内涵的丰富。文化与艺术的相互融合是民族体育交融性的体现。我国许多民族传统体育项目都曾借鉴了其他民族技艺、艺术形式与内容。如武术与百戏中的杂技、武舞。在我国少数民族体育中，由于我国少数民族人民大多能歌善舞、能骑善射，产生了技击性和艺术性相统一的传统体育项目，既强身健体又愉悦身心，达到健、力、美的和谐统一，如黎族的"跳竹竿"，不仅要求参与者具有良好的身体素质，还要具备较高的音乐素养和舞蹈技巧。

再次，民族传统体育文化在与其他民族的体育文化交流过程中，被其他民族所接受，成为共同的民族传统体育文化。民族传统体育项目是在某一地区、某一民族被创造和发展起来的，之后随着各民族文化的交流，被其他具有相同自然条件的民族所接受和改造，从而得到丰富，走向成熟。如马球、秋千、骑术、武术、气功、围棋等项目都是各民族人民共同创造的结果。

最后，不同民族传统体育文化相结合，产生新的民族传统体育运动项目与文化。随着民族传统体育进一步融合与交流，一些体育项目在此过程中不断被创造和发展。比如，射箭与马术相结合，出现骑射；球技与马术相结合，发展出马球等。

（七）集体性

民族传统体育文化活动内容丰富、形式多样，并多以集体的形式开展，表现出集体性。就民族传统体育文化的早期产生来说，早期社会，生产力有限，人民群居而生，这就使得人民的生产、生活具有集体性的特点，特别是在一些民族地区、部落或山寨，人作为个体的能量是非常渺小的，而只有当人融入一个行为、意识都较为相近的集体中后，才能将自己的力量汇集到集体力量当中，完成生存所必需的各种活动。在此基础上产生的民族传统体育文化也必然体现出集体性。

在民族传统体育产生的时代，人们群居生活，各民族均是如此，因此，包括传统体育在内的民族文化都非常强调民族的集体性意识。由于民族的集体性意识的建立与强化，使得作为民族文化的传统体育也同样具有集体性质。

民族聚集性以及共同的民族心理，使得具有相同体育习俗的人汇聚到一起，如此便形成了一种对传统体育的认同，基于这个认同再延伸到其他文化领域，也就更加能够突出这种集体整合性本质。民族传统体育文化活动中有许多民族传统体育项目的开展都是集体性的。例如，彝族的集体舞蹈"竹竿舞"、苗族节庆活动的"铜鼓舞"等。

（八）多样性

民族传统体育的多样性体现在其内容丰富、形式多样等方面，它是由各个民族共同创造的。

首先，民族传统体育文化活动项目众多。我国汉族和55个少数民族中，每一个民族都有本民族的传统体育项目。其分布之广,项目之多,也是世界上绝无仅有的。

其次,民族传统体育文化活动内容丰富。民族传统体育文化的诞生与各民族的生产、生活有着非常密切的关系,不同民族的各种发展需要催生了丰富多彩的民族传统体育文化形态。如哈萨克等民族的姑娘追、羌族的推杆、朝鲜族的跳板等,有些项目与种族的繁衍有关;如赫哲族的叉草球、草原的赛马和骑射以及江南水乡的竞渡等,有些活动与生产和生活习俗有关;有的项目则直接由军事技能转化而来,如武术等。正是由于这些项目符合各民族的生产、生活、娱乐、生理等方面的不同需要,从而构成了丰富多彩的民族传统体育文化内容。

最后,民族传统体育文化活动形式多样。我国是一个多民族、地域辽阔、经纬度跨度大的国家。不同的民族具有不同的文化类型和特点。每一个民族的人民都生活在一定的信仰、利益、习俗、制度、规范、文化心理等文化氛围中,与其他民族相区别,各个民族独特的生产和生活习俗使得民族传统体育项目的起源和组织活动形式各不相同,呈现出多样性。

(九)继承性

文化的发展具有继承性,这使得其能随着人类社会的发展而长期留存而不失传。就文化发展的基本规律来讲,任何一种文化的发展都具有积累性和变革性,在社会文明发展中,后人对前人文化或知识的发展都首先要立足于掌握前人所总结出的内容,然后再根据理解和研究对先前的文化进行完善或改造,这就是一种文化的积累。

民族传统体育文化是我国优秀的民族传统文化,从传统的角度来讲,文化发展要适应人类社会的发展,文化是作为一种观念形态存在的。因此,对于文化的看法,生活在不同时代的人对其的看法就有些许不同,甚至有很大的不同,那么这也就决定了文化会在一定程度上由人的主观意识带来改变,最终使其处于一种不断产生又不断淘汰的过程中。因此,并不是所有的在历史上出现过的文化都可称为传统文化,只有那些具有重要价值、具有生命活力并得以积淀、保存和延续下来的文化才可称为传统文化。民族传统体育文化是我国一种优秀的传统文化,是我国优秀文化的代表之一,和其他一般的文化相比,更具生命活力,有着传统的延续、继承和传扬的优势。因此,历经几千年的文明洗礼,依然在现代社会具有重要价值。

（十）传承性

优秀的文化在社会发展中发挥着非常重要的作用，有传承的必要性。民族传统体育文化是一种优秀的文化，具有传承性。从现代社会的发展来讲，民族传统体育文化的传承，就是要保证民族传统体育文化在现代社会的持续发展。现阶段，我国非常重视民族传统体育文化的传承，积极开展民族传统体育文化的整理与挖掘工作，并重视民族传统体育文化的宣传，许多优秀的民族传统体育项目被列为非物质文化遗产，受到重点保护与传承。传承民族传统体育文化具有重要的现实意义。

四、民族传统体育文化的核心价值

人们对民族传统体育文化价值的认同，本质在于对民族传统体育文化的核心价值的理解与认同。这种价值认同是民族传统体育文化得以不断传承与发展的基础。具体来说，我国丰富多彩的民族传统体育文化的核心价值主要体现在以下方面：

（一）重视礼教

我国民族传统体育文化是在我国传统文化的基础上产生和发展而来的，我国传统文化重视礼教，因此，这种文化思想影响了我国民族传统体育文化，"礼"是民族传统体育文化的"内核"。

在我国民族传统体育文化萌芽和形成之初，各种具体的民族体育活动只是基于身体的各种运动形式，并不具有文化内涵。随着民族传统体育的逐渐发展，其文化内涵不断丰富，具体来说，我国民族传统体育文化中的"礼"最初是阶级社会对权力的强调，在这种"礼"制下，武术逐渐具有了文化性质，并逐渐形成"尊师重道""武德戒律"等行为准则，在世代习武者身上传承、沉淀下来，并不断得到发展与完善。

此外，在民族传统体育文化的发展中，对于"礼"的尊崇还表现在技术和内容的发展上。我国民族传统体育代表项目——武术，强调点到为止的较量，并不赞赏拼死斗争，这种追求使得武术向智巧、养生、艺术表演等方面综合发展，并讲究德与艺的统一。

（二）形神兼备

民族传统体育文化以具体的民族传统体育项目为基本存在形式，它首先是体育运动,是肢体语言符号,注重"身韵"的塑造,和其他体育运动(西方竞技体育)形式不同,它的"身韵"内涵赋予了民族传统体育文化长久的生命力,并在此基础上追求"神韵",主要体现在"形神兼备"方面,并讲究内外兼修。以传统武术为例,我国民族传统体育文化对于形神的双重重视主要体现在以下两个方面:

首先,在民族传统体育文化活动中,"神"是运动者必须重视的内容。在传统武术习练中,习武者通过对"形"的把握去追求内在的"神","神"是一种内在的精神气质。武术的"神韵"既包括了对生命的感悟,还包括自我的情感指向和艺术追求。

其次,受中国古代传统文化观念的影响,传统武术的习练讲究"身韵",并在此基础上形成了特有的传统美学思想和观念。习武者在习武过程中,中华民族的精神、风貌、气概都是通过各种富有韵律的肢体律动展现出来的。

就我国民族传统体育的民族性特点来说,武术的技击中讲究"内外合一,形神兼备",强调动作的目的性和实效性。另外,它还强调"眼、心、神、体"的相互协调。这些都体现了民族传统体育的特色以及背后依托的中华文化。

(三)关注人文

从大的范围来讲,我国不同民族的民族传统体育运动,像蒙古族的摔跤、哈萨克族的姑娘追、朝鲜族的秋千、苗族的划龙舟等,这些运动项目均能体现出本民族的文化特质。各种民族传统体育活动的开展,不仅仅讲求技巧,更注重技艺的表现,并关注各体育活动背后的重要文化价值和意义,如姑娘追的交往价值、秋千的民族特色、划龙舟的龙文化和民族团结、拼搏精神。

(四)德艺双馨

民族传统体育通过肢体传播,通过思想影响。各族人民在不同民族传统体育活动的开展中,学习民族技能,了解民族心理,感受民族特色,领会民族精神。

民族传统体育对运动者的品德具有较高的要求,无论是中国传统武术、蹴鞠,还是蒙古族摔跤、射箭,或是苗族赛龙舟等,都重视技艺,但更追求运动者的品德修养。在运动过程中,决不能通过不正当手段来取胜。

以传统武术为例,无论是汉族武术,还是其他少数民族的拳术、剑术等,"武德"都是传统民族传统体育文化的重要组成部分,武德是在武术这一特殊领域对社会伦理道德思想的具体运用。武德是一种从武、习武道德，武德是习武之人必须遵循的行为规范和准则。武德贯穿于习武者拜师择徒、教武、习武、用武的全过程，尽管在不同的历史时期和拳种门派中，武德的具体要求不同，但作为民族体育文化中的核心部分，从古至今，武德一直符合中华民族的伦理道德、行为处事准则和对"善""美"的追求，并逐渐发展成为中华民族伦理道德思想的重要组成部分。武德也是中华民族精神的重要组成部分，是中华民族传统民族文化的重要内容之一。

五、民族传统体育文化体系构建的策略

（一）规范和革新民族传统体育教育

教育是民族传统体育文化发展的保证，教育能培养出一大批专业人才，从而更好地推动民族传统体育的发展。总之，教育的发展是一个基本问题，也是一个长远问题，而民族传统体育以教育为基础的人才发展观的确立是民族传统体育未来发展的中流砥柱。

1. 丰富传统民族体育的教学资源

在我国学校体育教育教学中，我国民族传统体育教学内容有其不可替代的优势，但是，从现代世界竞技化体育发展趋势来看，以及结合当前我国体育教育教学改革过程中新的体育教学目标的确立，某些传统体育教学内容已不适合或者说在某些地方（如规则、技术难度等）已不适合现代体育教学的要求。

现阶段，为了更好地发挥传统体育教学内容的优势，使其更好地为我国学校体育教学服务，以适应现代教学的需要，应从规则、技术难度、趣味性等方面对民族传统体育中的一些项目进行改造，以便于简化规则、降低难度，突出民族传统体育的游戏、生活、实用等特征，使其成为学生终身体育的内容。

2. 调整民族传统体育的课程结构

为激发学生对民族传统体育参与和学习的兴趣，当前，我国各地区普通学校应根据各自的实际情况，有针对性、目的性地拓展民族传统体育课程类型，使课内、课外一体化教学得到进一步加强，进而使民族传统体育课程结构进一步完善。这有助于促进学生在课外积极参与民族传统体育文化活动。

3. 拓展民族传统体育的课程内容

长期以来，在我国各级、各类学校的民族传统体育教学中，教材内容往往是专家、学者按照特定的要求编写的，因此往往严密性和逻辑性很强。教材的课程内容须经过体育教师的加工讲解，才真正使教学内容展现给学生。因此，在民族传统体育教学过程中，教师可根据具体教学目标和实际情况对教材内容进行取舍，选择适合本校、本地区的民族传统体育项目教学和组织开展活动。

以传统武术为例，在课程内容选择和设计方面，绝大多数学校是将武术套路运动作为主要内容，但是，格斗运动越来越引起学生的兴趣，为了满足学生的愿望，顺应这一趋势，建议学校在传统武术教学开展过程中，可以将传统武术的套路教学相应地删减，增加武术散打内容。我国西北地区还可以积极开展摔跤、角力等内容的教学，使教学内容更加丰富，从而提高学生对民族传统体育课程的兴趣和学习的积极性。

4. 完善民族传统体育的专业教材

民族传统体育属于体育学，但是，民族传统体育教材不仅要涉及体育学，还要涉及与之相关的其他学科，如传统哲学、中医学、训练学、养生学、伦理学、美学、兵法学等。要促进我国民族传统体育文化的发展，构建完善的民族传统体育文化体系，就必须增加民族传统体育文化内容，根据各地区不同学校的实际体育教学特点和民族传统体育运动项目特点，不断开发和完善学校民族传统体育类的专业课教材。通过开展民族传统体育教学，丰富和提高学生的民族传统体育文化知识和素养。

5. 建设优化校园民族传统体育文化

文化环境是以一种特定的文化氛围，对学生有着重要的作用，会使学生在不知不觉中受到潜移默化的影响，受到陶冶、导向和激励的作用，建设校园民族传统体育的良好文化环境，有利于充分发挥民族传统体育的育人作用。

在学校民族传统体育教学中，必须充分发挥民族传统体育课和体育教师的教育功能。在课堂教学过程中，教师应注重自身指导性和学生主体性的充分发挥，通过多元的体育内容和体育方法，不断提高学生的学习兴趣，促进学生建立终身体育意识，让学生参与体育教学过程，在实践中培养学生学习民族传统体育的兴趣。

6. 体育教学要突出地方民族特色

民族传统体育具有地域性特征。文化发展离不开文化诞生和发展地域的自然和人文环境。一定的地域是一个民族长期繁衍生息的空间条件，许多民族传统体育活动都是在一定的自然和人文环境下孕育产生的。民族传统体育地域性特征的客观存在要求学校民族传统体育的发展必须重视各学校的地域特征。

结合民族传统体育开展的地域特点，同时考虑到不同学校的实际情况存在一定的差异性，民族传统体育教学应突出区域、地方特色和特点，民族传统体育课程内容选用要充分结合本地区的实际，从实际出发。结合本地区开展较多的、影响广泛的民族体育内容，开设相应的民族传统体育教学项目。

（二）对民族传统体育进行竞技化改造

当前，竞技体育是世界体育发展的主流，对我国民族传统体育进行竞技化改造是新时代我国民族传统体育在现代社会可持续发展的必然要求，必须转变观念，充分认清这一事实。为了适应当前全球体育竞技化发展趋势，我国民族传统体育开始进行竞技化改造，民族传统体育文化的竞技性质日益凸显。对民族传统体育进行改造使其符合竞技体育的特征，才能促进其竞技化的科学发展，并与当前世界体育竞技化发展相适应。对我国民族传统体育的竞技化改造应从以下方面入手：

1. 内容与形式的竞技化改造

对民族传统体育套路的结构和内容进行改造，提高民族传统体育的娱乐性和观赏性，使民族传统体育既包含民族项目要求，同时又能将世界各民族的同类素材和内容融入其中。

针对一些竞技性较强的民族传统体育项目，如传统武术、蹴鞠、散打、摔跤、射箭、秋千等，应改变原有民族传统体育套路模式化、民俗仪式和庆祝内容，在丰富民族传统体育内容与形式的基础上，使其突出和充分体现西方竞技体育的一些特点，为其进一步融入现代竞技体育奠定基础。

值得一提的是，对民族传统体育的竞技化改造，应建立在保留民族传统体育基本特点的基础上，仍要凸显出体育运动开展的民族性，不能盲目改造。

2. 运动规则的竞技化改造

西方竞技体育具有明确的规则，在规则指导下开展，根据规则进行评判，

第六章　多维体育文化的建设与发展

这是竞技化体育在全世界范围内广泛推广的基础。对民族传统体育运动项目的运动规则的不断调整也是我国民族传统体育一步步走向竞技性、规范化的重要前提。当前，对我国民族传统体育运动规则的竞技化改造，应重点做好以下两方面工作：

（1）简化规则。在民族传统体育竞技化探索过程中，民族传统体育竞赛规则的不统一和可操作性的缺乏是影响民族传统体育竞技化发展的一个重要制约因素。为融入现代竞技体育，针对上述问题的存在，民族传统体育必须统一规则。统一规则就应该使体育竞赛规则的使用更为方便。现阶段，要想保证民族传统体育竞赛公平、公正地进行，简化竞赛规则非常重要。以我国传统武术为例，对武术套路、动作的技术评判缺乏统一、明确的标准，直接影响了不同裁判员在比赛过程中对参赛选手的评判。目前，在武术套路比赛中，技术动作的规则判定十分复杂，对裁判员的武术专业素养和裁判能力要求较高。而现在的武术比赛裁判员多为兼职，对武术技术动作研究有限，对可操作性不强的武术竞赛规则的理解也有限。这就使得各个裁判员评判标准不统一，评判内容及关注点不同，很难对选手的表现作出像西方竞技体育那样明确的数据判断。简化竞赛规则是保证武术比赛客观、公正开展的重要和有效手段。简便可操作性的武术竞赛规则便于裁判员评判，这是促进竞技武术竞赛的竞技化和国际化发展的必由之路，也是民族传统体育竞技化发展必须首先要重点落实的改造工作内容。

（2）明确具体评判标准，使规则更具操作性。规则的可操作性是现代竞技体育的一个重要特点。仍以我国传统武术为例，我国传统武术内容丰富、动作多变、套路多样，不仅重视技术动作，更强调"精气神"，讲究神韵，这就使得武术的评判不仅仅局限于动作、套路的完成，还要兼顾形体、形态、意蕴表现、神韵风采、"精气神"等多个方面，而这些内容的优劣评判是很难量化的。反观现代竞技体育的评判标准，非常直观的是用时间、距离等客观数据说明的，我国民族传统体育内容丰富要进行统一的技术评定，就必须规范规则。现代竞技体育比赛规则的规范化是武术发展的客观要求，也是民族传统体育评判标准为适应现代竞技体育发展要求必须加以改造的。

（三）立足社会，发展民族传统体育文化

1. 健全全社会的文化传承体系

在当前日益重视国家和民族文化软实力发展的背景下，民族传统体育文

化的传播和传承意义重大,它承载着继承传统文化和弘扬民族精神的历史使命。因此,应拓展思路,民族传统体育文化体系的完整建立,不能仅仅局限于校园、依靠竞技化发展,而是要依靠全社会来发展。具体来说,就是要学校、家庭与社会相互配合,充分发挥体育宣传的导向作用。端正家长、教师、学生对学校民族传统体育的态度,使他们深刻地理解学校民族传统体育对培养现代化的人、促进人的全面发展、传承中华优秀传统文化的作用。

一方面,使学生能自觉、主动地参与民族传统体育活动,使大学生在实践中加深对民族传统体育的情感、在实践中真正提高民族传统体育文化素养。

另一方面,促进整个社会的民族传统体育文化自信心的建立,使社会大众能积极、自觉地学习与宣传民族传统体育文化,在整个社会营造良好的民族传统体育文化氛围,建立民族自信心。

2. 借助文艺宣传传统体育文化

文艺与文化之间具有密切的联系,文艺是文化的具体、可视性的表现。可以借助文艺发展,宣传民族传统体育文化。

一方面,可以借助影视作品宣传民族传统体育文化。影视文化是一个朝阳性的文化产业,对人们的生活产生着重要的影响。近些年来,我国创作了一大批优秀的宣传中华民族传统体育的电影,这些优秀作品和电影明星对于我国民族传统体育文化的宣传、普及、推广起到重要作用,并引起世界反响。

另一方面,可以借助文化展览、文字作品、舞台剧、民族印象系列表演来宣传民族传统体育文化,扩大地方性、民族性体育文化的影响力,并提高我国文化软实力。

3. 推广大众民族传统体育健身

民族传统体育文化的活动性质与功能是多元化的,集健身、养生、娱乐、竞技于一身,其中,民族传统体育的健身性、娱乐性使其成为大众健身运动的重要内容。

具体来说,民族传统体育具有重要的健身功能。体育运动的本质就带有健身性,因此民族传统体育也拥有这一属性。民族传统体育项目植根于我国地区的传统体育运动项目,毋庸置疑,其拥有足够的群众基础,且大多数人对本民族的一些传统项目的规则和参与方法较为了解,可以非常方便地参与其中。此外,我国民族传统体育大多来源于日常的生产生活行为,后来随着生产力的不断提升，一些古老的生产方式不再拥有实际意义，转而变成了人们娱乐的方式。最初的民族传统体育较为简单，几乎没有太多规则可言，随意性和灵活性较强，民众可自由参与其中。

在现阶段，我国大力推广全面健身计划，民族传统体育的健身与娱乐属性，使得民族传统体育运动成了大众健身活动的重要内容。开展民族传统体育活动，对于现阶段增强民众的体质、提高民众的身体运动能力、优化民众的身体素质、使民众具有强健的体魄和健康的心理具有重要促进作用。

全民健身计划的实施给我国民族传统体育事业提供了有利的发展空间。新时期，在合理利用发展空间的同时，还需要注意民族传统体育文化的优势发展原则。形成以民族传统体育、中华养生术等带动其他民族传统体育项目发展的局面，将优势项目与弱势项目有机结合起来，在发挥优势项目的前提下，大力发展弱势项目，进而实现民族传统体育文化事业的全面发展。

（四）促进民族传统体育文化的世界化发展

当前，随着我国国际地位不断提高，我国对外交流日益频繁，我国对外交流的形式也日趋多元化，这对于国际文化交流具有重要的促进作用。

新时代，要促进我国民族传统体育文化的发展，不断建立与完善我国民族传统体育文化体系，就要立足全世界。在全世界范围内推广我国民族传统体育文化，建立中华民族的民族自信心和自尊心，增强中华民族的凝聚力。

在世界范围内推广我国民族传统体育文化，可以借鉴武术赛事和孔子学院模式。武术是外国人了解我国民族传统体育文化的一个重要窗口，目前，我国已经打造出具有世界影响力的武术散打赛事，成功地宣传了我国传统武术文化。而孔子学院是我国对外文化交流的一个创举，在国际上已经成为中国文化对外交流的主要阵地，是异国学生体验、学习中国文化的地方。我国民族传统体育文化在世界范围内的推广和发展可以成功借鉴和依托上述两个模式和途径。

总之，民族的就是世界的，促进我国民族传统体育文化的世界化、国际化发展是我国民族传统体育文化自身发展的需要，也是弘扬民族优秀传统体育文化内容的客观需要。

参考文献

[1] 陈林会，刘青. 我国竞技体育传统优势项目可持续发展的文化支撑 [J]. 北京体育大学学报，2014，37（6）：8-15.

[2] 陈荣，曹社华，罗小平. 体育指导教程 [M]. 南昌：江西人民出版社，2016.

[3] 戴信言. 体育教学多种模式的探索 [M]. 中国原子能出版社，2016.

[4] 邓昌亚，贺炜. 体育生态课堂的建构研究 [J]. 青年与社会，2019（19）：73-74.

[5] 董波著. 体育管理研究 [M]. 西安：西安交通大学出版社，2017.

[6] 杜治华. 体育教师发展论 [M]. 北京：北京体育大学出版社，2017.

[7] 樊晓东. 构建学校体育文化建设体系的探讨 [J]. 当代体育科技，2018，8(28)：116-117.

[8] 冯世勇. 体育文化与实践研究 [M]. 北京：中国政法大学出版社，2019.

[9] 高小平，崔成前. 高校体育文化育人功能与建设路径研究 [J]. 江苏高教，2019（10）：97-101.

[10] 郭道全，魏富民，肖勤. 现代体育教学概论 [M]. 北京：中国商务出版社，2015.

[11] 郭祥均. 立德树人视域下学校体育文化构建研究 [J]. 中国教育学刊，2023（S1）：91-93.

[12] 韩兵. 辽宁省高校体育文化建设现状与对策研究 [J]. 哈尔滨体育学院学报，2019，37（6）：71-75.

[13] 贾文杰，李献震. 学校体育文化研究现状分析 [J]. 黑龙江科学，2021，12（17）：158-159.

[14] 乐凤莹，周璐. 新媒体环境下高校体育文化传播创新路径研究 [J]. 当代体育科技，2022，12（6）：153-156.

[15] 雷扬. 体育文化传播的现状与问题 [J]. 新闻前哨，2009（12）：92-94.

参考文献

[16] 黎琳. 基于生态文明理念分析高校体育教学模式的转变[J]. 环境工程, 2022, 40（12）: 305.

[17] 李竞媛. 基于休闲体育文化的健美操运动发展路径[J]. 淮南职业技术学院学报, 2018, 18（6）: 123-124.

[18] 李凌. 试论高校体育教学与心理健康教育[J]. 西安体育学院学报, 2000（2）: 82-84.

[19] 李姗姗. 现代教育思想在体育教学中的应用研究[M]. 成都: 四川大学出版社, 2014.

[20] 李振军. 高校体育文化建设意义探讨与实践路径研究[J]. 当代体育科技, 2020, 10（11）: 69-70.

[21] 刘明月. 学校体育文化引领社会体育文化发展的实施路径研究[J]. 汉字文化, 2020, （18）: 179-180.

[22] 刘长江, 王小春, 彭麟凯. 高校休闲体育文化的构建探析[J]. 体育世界（学术版）, 2019（8）: 55, 57.

[23] 吕慧鹏. 微时代高校体育文化传播平台构建[J]. 当代体育科技, 2020, 10（10）: 8-9.

[24] 马连鹏, 满鹤楠, 张鲲. 我国竞技体育思想文化的历史变迁及其发展创新研究[J]. 安徽体育科技, 2012, 33（2）: 1-3.

[25] 裴肖肖, 万发达. 新时代学校体育文化自信的困境与出路[J]. 哈尔滨体育学院学报, 2021, 39（4）: 82-86.

[26] 苏进. 新型城市化下城市休闲体育文化的发展[J]. 体育成人教育学刊, 2015, 31（1）: 42-44.

[27] 苏仪宣. 高校体育教学方法创新路径研究[J]. 内蒙古财经大学学报, 2021, 19（4）: 61-63.

[28] 王春. 体育文化传播教程[M]. 沈阳: 东北财经大学出版社, 2017.

[29] 王昊. 终身教育下的高校体育教学改革探微[J]. 当代体育科技, 2020, 10（30）: 35-36, 39.

[30] 王婧. 休闲体育对城市发展文化价值研究[J]. 当代体育科技, 2018, 8（35）: 164-165.

[31] 王昕光, 赵云鹏, 吴伟作. 传统体育文化研究[M]. 太原: 山西经济出版社, 2021.

[32] 王寅昊. 慕课在高校体育教学中的应用研究[J]. 教育教学论坛, 2020（6）:

256-257.

[33] 吴应广，李志强.学校体育文化发展的生态视野研究[J].武术研究，2021，6（6）：131-133，136.

[34] 阳国诚，林敏，巫文辉.体育[M].南昌：江西人民出版社，2015.

[35] 杨爱林.高校校园体育文化的发展与竞技体育优势项目的联系[J].中外企业家，2014，（21）：150.

[36] 袁兰军，丁锋.高校体育教学中的德育渗透研究[J].青少年体育，2022，（11）：35-36，34.

[37] 云月.关注学生全面发展构建学校体育文化氛围[J].汉字文化，2019，（03）：135-136.

[38] 张斌峰.试析高校体育教学中渗透体育人文精神的价值及途径[J].当代体育科技，2018，8（5）：77，79.

[39] 张德利，尹维增.体育强国建设背景下竞技体育文化发展研究[J].军事体育进修学院学报，2012，31（1）：24-27.

[40] 张佃波.体育强国战略下我国体育文化的重塑与发展研究[M].长春：吉林出版集团股份有限公司，2022.

[41] 张虎祥.体育文化与全民健身[M].北京：九州出版社，2018.

[42] 张继贵.我国高校体育教学管理的困境及解决措施[J].黑龙江工业学院学报（综合版），2022，22（9）：148-152.

[43] 张景凯，江学功.体育与健康教程[M].北京：北京体育大学出版社，2014.

[44] 张振华.体育教学理论与方法[M].北京：北京师范大学出版社，2016.

[45] 赵宪恒.学校体育文化价值取向及实践路径研究[J].青少年体育，2022，（1）：29-31.

[46] 钟淼，李翠琴.学校体育文化对学生健康意识的形成与发展研究[J].当代体育科技，2019，9（28）：150-152.

[47] 钟文生.论我国传统体育文化的缺失与重建——兼论竞技体育快速发展[J].广州体育学院学报，2014，34（1）：40-42.